삶이 속인다면
기꺼이 속아줘라

윤인기 지음

삶이 속인다면
기꺼이 속아줘라

초판 1쇄 인쇄	2024년 01월 23일
초판 1쇄 발행	2024년 01월 31일
지은이	윤인기
교정자	장성호
펴낸곳	도서출판 아우룸
디자인	도서출판 아우룸
주소	서울시 마포구 월드컵로8길 72
전화	02-383-9997
팩스	02-383-9996
홈페이지	www.aurumbook.com
	aurumbook@naver.com
ISBN	979-11-91184-89-1

- 저작권법에 의해 보호를 받는 저작물이므로 무단전재, 무단복제를 금합니다.
- 잘못 만들어진 도서는 교환 가능합니다.
- 이 도서의 국립중앙도서관 출판시도서목록(CIP)은 e-CIP 홈페이지(http://www.nl.go.kr/ccip)와 국가자료공동목록시스템(http://nl.go.kr/kolisnet)에서 이용하실 수 있습니다.

삶이 속인다면
기꺼이 속아줘라

윤인기 지음

아우름

삶이란

풀꽃에게 삶을 물었다
흔들리는 일이라 했다

물에게 삶을 물었다
흐르는 일이라 했다

산에게 삶을 물었다
견디는 일이라 했다

민병도

들어가며

 누구에게나 삶은 고단하고 힘겨운 여정입니다. 그렇다고 가고 싶으면 가고 쉬고 싶으면 쉬는 선택적 여정이라면 얼마나 좋겠습니까? 하지만 우리 모두에게 공평하게 하루 24시간씩 주어진 삶입니다. 설령 극단적 고통과 슬픔이 있어도 살아갈 수밖에 없는 우리의 숙명입니다.
 지금까지 걸어온 삶을 돌이켜 보면 설계도대로 건물을 짓듯 절대로 되지 않는 것이 삶임을 알게 되었습니다. 그래서 항상 깨달음은 늦게 천천히 찾아오는 게으른 손님인 모양입니다.

 제가 살면서 수도 없이 느끼는 것은 누구나 삶이 다 거기가 거기고 잘 난 사람이나 못난 사람이나 거의 비슷하다는 사실입니다. 이 광막한 우주에서 찰나와 같은 인생을 사는 우리에게 삶이 뭐 그리 대단한 차이가 나겠습니까?

　살다 보면 평탄한 길이 있으면 가시밭길도 있듯 굴곡이 끊임없이 반복되는 것이 우리 삶입니다. 때로는 노력한 만큼 삶이 제대로 보상해주지 않아 우리를 속인다고 불평할 때가 있습니다. 삶이 속이면 기꺼이 속아 보지요. 그래도 그냥저냥 순응하며 살면 됩니다. 고통스럽지만 어떡하겠습니까? 우리 인간이 삶과 싸워 이길 수 있겠습니까? 삶은 우리가 이길 상대가 아닌 넘고 극복해야 하는 동반자와 같은 존재입니다.

　이 책에 나오는 내용 대부분은 우리 일상에서 맞닥뜨리는 소소한 일들입니다. 별로 특별할 것도 내세울 것도 없는 소시민들이 이리저리 부대끼는 삶의 조각들입니다.
　그것들은 희망, 절망, 기대, 좌절, 환희, 회의, 풍요, 궁핍 등 우리 삶에 거주하는 주민들입니다. 좋은 주민도 있고 아주 밉상인 주민도 있습니다. 그들과 함께 어우러져 사는 것이 우리 삶의 무대가 아닌가 싶습니다.

　영웅의 정의는 무엇이라고 생각하십니까? 사전에는 '지혜와 재능이 뛰어나고 용맹하여 보통 사람이 하기 어려운 일을 해내는 사람'이라고 나와 있습니다. 그러나 심리학의 3대 거장이고 분석심리학의 창시자인 칼 융은 "영웅이란 평범한 일상에서 자신의 일을 가장 열심히 하는 사람이다."라고 했습니다. 열심히 살고있는 모든 우리 이웃들이 칼 융이 말하는 진정한 영웅이며 이 책의 주인공들입니다.

나침반 없는 미지의 세계로 나아가는 우리 삶의 여정에 이 책이 따뜻한 동행자가 되었으면 저자로서 더할 나위 없이 행복하겠습니다.

오늘도 퇴근길 피곤함이 묻어나는 지하철, 버스에 지친 몸을 맡기고 사랑하는 가족 품으로 돌아가는 대한민국 소시민들을 응원합니다. 화이팅!

이 책이 독자 여러분 곁으로 갈 수 있게 응원해준 형님과 아내, 며느리 정아와 아들 종인에게 고마움을 전합니다.

책 출판에 한결같이 정성을 쏟아 준 출판사 아우룸 관계자들에게 깊이 감사드립니다.

2024년 1월.
윤인기

차례

들어가며 · 005

다 내 마음 같지 않아 · · · · · · · · · · · · · · · · 014
부자 부모 가난한 부모 · · · · · · · · · · · · · · · 020
사소한 것 · 027
결혼식 못 가요 · · · · · · · · · · · · · · · · · · · 031
행운의 여신 · 036
멈추어 주세요 · 042
긴 머리 소녀 · 048
인연 · 053
내 꺼 하자 · 058
성공적인 부부생활을 위한 십계명 · · · · · · 063
며느리는 백년손님 · · · · · · · · · · · · · · · · 068
그 사람 마음으로 바라보기 · · · · · · · · · · · 072
세상에서 제일 억울한 분 · · · · · · · · · · · · 076
아름다운 유언장이 되려면. · · · · · · · · · · · 081

케익과 한우 · 085

믿음이란 · 089
소신이 현실에 양보하기 · · · · · · · · · · · · · 093
아 옛날이여 · 097
배가 불러요 · 102
내가 슬퍼질 때! · · · · · · · · · · · · · · · · · · 106
걱정과 잘 사는 법 · · · · · · · · · · · · · · · · 108
이상한 운수 좋은 날 · · · · · · · · · · · · · · · 114
지고는 못살아. · · · · · · · · · · · · · · · · · · 119
품위 있는 삶이란 · · · · · · · · · · · · · · · · · 123
1+1 아메리카노 · · · · · · · · · · · · · · · · · 127
333원 · 131
감성과 이성 사이 · · · · · · · · · · · · · · · · · 135
진상 고객 될 결심 · · · · · · · · · · · · · · · · 140
결혼의 3無 · 144
언어의 인플레이션 · · · · · · · · · · · · · · · · 149
기억 앞에 겸손하자 · · · · · · · · · · · · · · · 154
同床異夢 · 158

치아로 무덤을 파지 마세요·············164
입사는 옵션 이직은 필수 ············168
소확행 ·························174
아킬레스건 ·····················178
효자손························183
중간의 묘미····················187
정말 어려운 습관의 적응 ··········192
정신적 어른이란 ················197
사진의 배신····················199
밤바다 낮 바다 ·················204
참 편한 편의점·················209
비난받을 과거를 만들지 마세요 ·····213
우리들의 숨은 영웅··············219
루비콘강을 건너지 마라 ···········224
말이야 막걸리야················228
어버이 살아 실 제···············234
삶의 의지란····················240
계절의 바뀜을 느낄 때············243
소박한 거대한 꿈 ···············245

삶은 끝 없는 여정 · 249
두 가지 뉴스 · 253
밥상머리 교육 · 257
베푸는 기쁨으로 만족하기 · · · · · · · · · · · · 262
핑거족 · 267
목욕탕의 추억 · 271
SRT 유감 · 276
끝마치며 · 282

참고문헌 · 283

삶이 속인다면
기꺼이 속아줘라

다

내 마음 같지 않아

　코로나 바이러스가 온 나라 구석 구석을 휘젓고 돌아다니며 많은 사람을 괴롭히기 전에는 '거리두기'란 말이 낯설었다. 비슷하게 사용하는 단어로는 차를 운전하는 사람이면 아는 '안전거리 확보'다. 주행 중에 앞차와 일정한 거리를 유지해 앞차가 갑자기 정지했을 때 추돌사고를 방지하기 위해 도로교통공단과 자동차 보험사가 진심으로 사랑하는 단어다.
　'거리두기'란 단어를 일상속에서 사용하면서 물리적인 거리두기에 초점이 맞추어지고 있다. 패스트 푸드점이나 대형마트 안에 있는 식당에는 한 사람이 식사할 수 있는 나홀로 좌석이 있다. 처음 그 좌석을 보고는 무척 이질감이 들었다. 과연 저 좌석에서 식사하는 사람이 얼마나 될까? 밥은 모여 함께 먹어야 맛있다는 우리나라 사람들의 전통적인 고정관념에 젖어 있던 나에게 혼 밥은 왕따나 이기적인 사람만이 하는 것으로 보였다.

직접 대면을 꺼리는 현대인들의 인간관계특성과 함께 코로나바이러스가 비 대면 나홀로 좌석의 등장을 촉발한 측면이 있다.

물리적 거리는 눈으로 직접 확인가능하고 학문적 이론으로 정립한 학자도 있다. 미국의 문화인류학자 에드워드 홀은 저서 '숨겨진 차원'(The Hidden Dimension)에서 사람과 사람과의 거리를 구체화해 다음4가지로 구분했다.

1. 친밀한 거리 0~45cm: 연인, 가족
2. 개인적 거리 45cm~1.2m: 친구나 가까운 지인
3. 사회적 거리 1.2~3.6m: 사적인 사이가 아닌 공적인 관계의 거리(종교. 직장)
4. 공적 거리 3.6m 이상: 상호적 연결을 가지는 거리는 아니다. 공연장에서 무대와 관객석의 거리, 강의장에서 강사와 청중들 간의 거리

이처럼 물리적 거리두기는 세분화해 정의할 수 있지만 마음의 거리두기는 계량화 할 수 없어 타인과 상처받지 않는 지혜로운 마음 거리두기를 설정하기란 쉽지 않다.

사람관계에서 적당한 마음의 거리두기를 명쾌하게 표현한 문구는 불가근 불가원(不可近 不可遠)이다. 가깝지도 멀지도 않은 거리.

쇼펜하우어는 '고슴도치 딜레마'란 이론에서 고슴도치들은 온기를 찾아 서로를 가까이하려고 하지만 너무 가까우면 상대 가시에 찔리게 되어 가시가 없는 머리를 맞대고 어우러진다고 한다. 이처럼 서로 불편하지 않는 적당한 거리를 유지하는 것이 인간관계의 정답이다.

나는 근래에 두 번의 마음 거리두기의 섭섭함 때문에 인간관계의 복잡성을 다시한번 절실히 느꼈다.

단 둘이 만나 식사를 하거나 차 한잔하는 사이는 아니지만 거의 5년여 이상 관계를 유지하고 있고 여러 명이 함께 가끔 만났던 지인이 있다.

상의할 일이 있어 나와 친밀한 그 사람의 지인을 통해 나에게 연락할 것을 부탁했다. 그러나 그의 답변은 나에게 개인적으로 연락할 만큼 자기와 내가 친하지 않다고 했다는 것이다. 아차 싶었다. 내가 직접 그 사람에게 전화를 해서 상의했다면 부드럽게 일이 풀렸을 텐데 제3자가 끼어드는 바람에 이상하게 일이 꼬였고 후회해봐야 이미 엎질러진 물이었다.

그의 대답을 들은 지인이 나에게 조심스럽게 알려주며 비밀로 해달라고 해서 나는 모르는 체 전과 다름없이 그와 어설픈 만남을 유지하고 있다. 이전과 비교해 마음의 거리가 조금은 멀어진 것은 어쩔 수 없지만 다른 사람과 관계를 그 사람 입장에서 좀더 정교하고 사려 깊게 판단해야 한다는 것을 알았다.

직장에서 친하게 지내던 직장 후배가 있었다. 그와는 혈연 지연 학연은 겹치지 않지만 대학에서 문학을 전공했다는 것이 유일한 공통분모였다.
서로 사회문제나 문학에 관심이 많아 회사에서 잠깐 만나는 틈을 이용해 각자 생각을 교환하며 가벼운 토론을 하곤 했다. 그러다 일년 사이로 우리 둘 다 퇴직을 했다. 일년이상 시간이 흘렀고 근황이 궁금해 전화통화를 시도했으나 들려오는 소리는 그의 굵직한 목소리가 아닌 고음의 여성 목소리 "연결이 되지 않아 삐 소리 후 소리 샘으로 연결됩니다." 고 녹음된 자동음이었다. 세 번을 전화했지만 역시 고음의 여성 목소리만 들려와 더 해봐야 소용이 없을 것 같아 이후로는 전화를 하지 않았다.
내 전화번호를 차단했는지 아니면 무슨 사정이 있어 나와 통화가 부담이 되었는지 알 길은 없다.
지금까지 나는 그 직원의 전화번호를 차단하지 않고 있다.

언젠가는 나에게 전화할 거라는 내 굳은 믿음의 끈을 놓고 싶지 않기 때문이다.

최근 마음을 짓눌렀던 두 건의 경험으로 인간관계의 어려운 점에 깊은 성찰을 했다.

첫째는 아무리 내가 친하다고 느끼는 사람이라도 그 사람의 마음을 내 잣대로 절대 판단하지 말아야 한다. 내가 그 사람의 마음을 들여다볼 수 없기 때문이다.

두 번째는 계산적일 수 있지만 다른 사람과 관계에서 적당한 거리 즉 불가근 불가원의 원칙을 지켜야 상처받는 농도와 횟수를 내 마음안에서 통제할 수 있기 때문이다.

"나 그 사람과 그렇게 친하지 않은데." 와 "~~~ 소리샘으로 연결됩니다." 하는 말을 떠올리면 다른 사람들과 관계 설정이 결코 쉽지 않은 대업(?)임을 느낀다. 특별한 목적이 있는 관계를 제외한 순수한 보통 인간관계에서 말이다.

나와 관계하는 사람의 마음의 문이 내가 들어오도록 활짝 열려 있는지 아니면 들어오지 못하도록 '절대사절'이라는 팻말을 문고리에 걸어 놓고 있는지 내 주관적 시각으론 판단하기란 거의 불가능하기 때문이다.

어떤 학문적 이론을 적용해도 타인과 마음 거리의 결론은 "다 내 마음 같지 않아!" 가 불변의 진리다. 그래서 세상일 중 가장 어려운 일이 사람사이 관계인 듯 싶다.

> 연락이 끊겼던 직장후배로부터 2년만에 전화가 왔다. 거의 밤 11시가 되어서. 목소리는 피곤하게 들렸지만 술 마신 것 같지는 않았고 약간 감성적이었다.
> 갑자기 내가 생각나서 전화를 했다고 했다. 전화를 못한 사정을 말하는데 그동안 그가 얼마나 치열하게 살았는가를 알 수 있었다.
> 나는 "사는 게 다 거기가 거 기니까 가끔 통화합시다." 하고 2년간의 공백을 마무리했다.
> 좋은 인간관계를 유지하려면 상대의 마음을 그의 입장에서 헤아려 주고 그가 마음의 문을 활짝 열때까지 언제까지나 문 밖에서 조용히 기다리는 인내가 필요한 듯싶다.

부자 부모

가난한 부모

"왜 오늘은 아들과 함께 안 왔어요?"

"예, 작년 11월에 장가들여서 며느리에게 소유권을 넘겼고 등기(혼인신고)도 마쳤습니다. 그래서 혼자 왔습니다."

"나는 딸 하나 아들 하나 있는데 나이가 들어 보니 아들보다는 딸이 훨씬 예쁘고 잔정이 많아요! 때가 되면 딸이 식사 초대하고 기념일을 잘 챙겨줘요. 아들놈은 거의 전화 한 통 안 해요. 며느리도 마찬가지고. 딸애는 수시로 전화해서 이것저것 살갑게 안부를 물어보는데."

"저는 딸이 없어 잘 모르겠지만 딸 있는 친구들이 그렇게 말하더라고요."

"우리나라 사람들은 딸보다 아들에게 재산을 더 주는데 딸과 아들 둘 다 공평하게 줘야 돼요. 아들에게 더 줘봐야 아무 소용없어요."

"집안의 온갖 대소사는 딸보다는 아들이 챙기지 않나요? 재산을 딸 보다 아들에게 더 주고 싶어 하는게 나이 드신 분들 생각 아니신가요?"

"아니에요. 그게 자녀 사이 싸움의 빌미가 돼요."

내 단골 사우나에서 가끔 만나는 노인분과 벌거벗고 인간 본연의 모습으로 대화한 장면이다. 그분을 알게 된 지는 몇 년 됐고 아들과 함께 사우나 안에서 만나면 인사를 하고 가볍게 대화를 나누는 사우나 친구다. 오늘도 한증막에 들어갔는데 그분이 먼저 들어와 있어 대화를 나누게 되었다.

오늘이 4월 말일이니 아마 딸에게 어버이날 식사 초대를 받아 기분이 좋은 모양이었다. 아들에게 '놈'이라는 접미사를 붙여 말하는 걸로 봐서 아들에겐 안됐지만 이미 재산쟁탈전 승부는 딸의 일방적 승리로 기운 듯했다.

연로하신 부모에게 안부를 자주 묻는 자식에게 마음과 함께 경제적 지원이 따라가는 것은 인지상정이다. 이웃사촌보다 못한 아들에게 부모도 사람인데 좋은 감정이 들리가 없다.

부모의 재산은 자녀들에게 가장 효과적인 압박(?) 수단으로 작용해서 자녀가 가장 무서워하는 부모의 말이 "전 재산을 사회에 기부한다."라는 선언이라고 한다. 이 말이 현실화

되면 자녀들은 닭 쫓던 개 지붕 쳐다보는 처량한 신세가 되기 마련이다. '설마 그렇게까지 하시려고 하고' 자녀들은 애써 부모의 자식 사랑에 기대하지만, 설마가 사람 잡듯 한 마디로 "꿈 깨!"다. 국제사회에서도 국가간 갈등이 생기면 경제보복이 가장 실효성이 있는 수단이 되듯 가정에서도 마찬가지다.

   6~70년대 인구억제책으로 "아들딸 구별 말고 둘만 낳아 잘 기르자!" 하는 동네 벽에 붙은 표어를 흔하게 보았다. 남아선호사상이 뿌리 깊던 시절이라 아들을 낳을 때까지 계속 아기를 낳았다. 어머니들은 아기 낳는 기계나 다름없었다. 내가 어릴 적 여자 이름에 말순이 말자 등 딸을 그만 낳자는 의미로 부르기에 거북한 이름이 있었다. 내 초등학교 동창 중에 말자 이름을 가진 아이가 두 명 있어 선생님이 출석을 부를 때 학급 친구들이 웃으며 놀렸던 기억이 있다.

   지금은 반대로 여아선호사상이 뚜렷하다. 첫 자녀가 아들이면 딸을 낳기 위해 둘째를 낳으려는 젊은 부부를 주위에서 많이 본다. 얼마 전 결혼한 아들도 딸을 낳았으면 좋겠다고 했다. 아들이 든든하다는 말은 옛말이고 이제는 더 든든하고 살갑기까지 한 딸이다.

   나이 드신 분들이 아들이 대를 잇느니, 죽어서 아들에게 제삿밥을 얻어먹느니 마니, 무슨 성씨에 무슨 파 몇 대손이니 하는 말은 사용기한이 지난 지 한참 되었다.

젊은이들은 자기가 키우는 반려견 족보는 알아도 자기 족보가 있는지 없는지도 모르는 세상이다. 죽은 사람이 제삿밥을 얻어먹었는지 못 얻어먹었는지도 죽은 자는 말이 없으니 도무지 알 길이 없다. 산 사람이 죽은 후까지 밥 걱정하는 것은 한 마디로 코미디다.

오래전에는 며느리와 시어머니의 고부갈등이란 단어가 주위에서 많이 들었지만, 여성의 권위가 막강해진 지금은 권력 지형이 처가 쪽으로 기울어져 한자 세대인 나도 잘 모르는 장모와 사위의 장서(丈壻)갈등이라는 어려운 단어가 생겼다.

여성의 입김이 세지는 바람에 처가 쪽으로 교류가 잦아져 장모와 사위의 불협화음이 날 가능성이 커진 것이다.

얼마 전 아들 내외와 강원도에 있는 리조트로 놀러 갔는데 여기저기에서 부르는 소리가 김 서방, 이 서방, 박 서방이었다. 딸 가족과 함께 놀러 온 모양이었다. 우리 집 빼놓고는 며늘아! 하는 소리는 거의 들리지 않았다.

친구도 주말이면 딸 가족이 놀러와 식사를 함께하며 즐거운 시간을 보낸다. 아들 내외는 명절, 어버이날, 친구 내외 생일에만 남북 이산가족 상봉하듯 식당에서 만나 식사하고 난 후 무슨 바쁜 일이 있는 것처럼 후다닥 헤어진다고 한다. 아마 친구네 며느리도 주말마다 친정에 가지 않나 싶다. 그 친구는 아들, 딸 한 명씩 있어 플러스마이너스 균형이 맞는데 나는 아들만 있으니 두고 볼 일이다.

딸이건 아들이건 자녀로서 부모에게 해야 할 도리와 역할이 있다면 부모 역시 부모로서 권위를 가지려면 자녀에게 최소한 경제적 부담은 주지 말아야 하며 건강도 자녀가 신경 쓰이지 않는 정도는 돼야한다.

내가 입버릇처럼 하는 말로 '긴 병에 효자 없고 돈 있어야 부모다'고 하면 부모들은 듣기에 거북하겠지만 사람 사는 게 다 엇비슷하다고 보면 틀린 말은 아닌 듯싶다. 좀 더 솔직히 말하면 듣기에 불편한 말일수록 진실에 가까운 것이 사실이다.

돈 없고 건강까지 좋지 않은 부모라면 슬프지만, 자녀들에게는 부담스러운 존재가 될 수밖에 없다. '칠순 거지'란 신조어가 있다고 한다. 노후가 전혀 준비되어 있지 않아 자녀에게 경제적으로 의지해야 하는 70대 부모다. 최소한 칠순 거지라는 소리는 듣지 않도록 살아야 한다.

부모의 형편이 나쁘지 않으면 보통 부모·자식 사이 효도를 하고 받는 원만한 관계가 유지되지만 그렇지 못하면 자녀에게 마음과 물질이 함께하는 효도를 기대하는 것은 욕심이다. 기대와 욕심의 부정적 후유증은 실망이다. 서운해도 할 수 없는 노릇이다. 당위와 현실은 한집에 살 수 없는 이질적 존재들이라는 것을 알아야 덜 섭섭하다.

속담에 '자식도 내 품 안에 있을 때 자식이지.' 하는데, 부모와 자식의 관계를 확실하게 정의한 말이다. 자식이 성장해 따로 살거나 결혼해서 집을 떠나면 부모가 선제적으로 한집에 사는 가족의 개념에서 탈피해야 한다.

부모·자식 사이가 천륜이니 인륜이니 하는 피 땅김에 매달리는 말로 자녀들에게 효도를 강요하는 것은 별 효력이 없다. 부모의 입장이 아닌 자녀들 입장에서 냉정하게 생각해보는 씁쓸한 지혜를 발휘해야 스트레스 안 받는 현명한 부모이고 그다음은 세상이 많이 변했구나 인정하면 편하다. 자식이 효도하면 감격하고 잘못하면 '당연하지' 하고 마음에서 털어 버려야 뒷목 잡을 일이 없다.

내가 너무 경제적 측면으로만 부모 자식 사이를 재단하는지 모르겠지만 현실 속에서 부정할 사람이 많지 않을 것이다.

지금까지 살면서 듣고 경험한 결과로 오류지대가 없는 산 경험은 부모와 성장한 자식 사이는 멀리도, 가까이도 아닌 이웃사촌 수준이면 적당하다.

작가 박완서는 부모 자식 사이 수프가 식지 않을 만한 거리에 사는 것이 가장 이상적이라고 했다. 전철이나 버스를 타고 때로는 마을버스를 갈아타는 거리라면 어떨까? 물론 물리적 거리를 말한 것이지만 정신적 거리도 이와 비슷하다면 어떤 상황에서도 서로 마음에 상처받을 일이 없을 것 같다.

내가 가장 부러워하는 가정은 능력 없고 병들은 부모라도 성심성의껏 효도를 다 하는 '잘하는' 자녀들이 있는 가정이지 부모를 등한시하는 출세한 '잘 난' 자녀가 있는 가정이 아니다. 현실 속에서 흔치 않은 일이라 마음만 시릴 뿐이다. 이 또한 욕심이지만.

내가 너무 부모 자식 사이를 물질적 측면에서만 굴절된 시각으로 보고 있는지 모르겠다. 그렇다면 내가 비난받아도 정말 기쁜 일이다.

사소한 것

사소한 것이 사소한 것이 아닌 엄청난 결과를 초래하는 일이나 사건들이 우리 삶 속에서 비일비재하다.

아들에게 귀가 짜증 낼 정도로 하는 말은 주위의 사소하고 미미한 것이라도 지나치거나 무시하지 말고 세심히 살피는 태도를 가지라는 것이다.

무심코 지나쳤던 일들이 회복할 수 없는 재앙을 가져올 수 있고 사람의 운명도 경로를 이탈한 네비게이션처럼 전혀 다른 곳으로 이끌 가능성이 얼마든지 있기 때문이다.

개인의 경우도 마찬가지지만 역사에 기록될 만한 전쟁이나 큰 사건 역시 아주 작은 것이 빌미가 되어 발생되었다는 것을 잊지 말아야 한다.

우리가 모두 알고 있는 세계 제1차대전과 발사 즉시 폭발한 우주선 챌린저호가 대표적인 예다.

   1천만 명의 사상자가 발생한 세계 제1차대전(1914~1918)은 세르비아를 지배하던 오스트리아 황태자 부부가 군사훈련을 참관하기 위해 세르비아를 방문했을 때 세르비아 민족주의 단체 '검은 손'의 일원이었던 피린치프라는 애국청년의 총에 맞아 숨지는 사건이 발단이 되었다. 현지 지리에 어두웠던 황태자가 탔던 마차의 마부가 골목을 잘못 접어드는 바람에 시간이 지체되었고 그사이 피린치프가 황태자 부부에게 총격을 가해 암살한 것이다. 오스트리아는 세르비아에 보복을 다짐했고 오스트리아 측에 섰던 독일 터키와 세르비아를 지원했던 러시아, 영국, 프랑스가 대규모 전쟁을 벌이게 된 것이다. 마부가 제대로 길을 들었다면 세계 제1차대전이 일어나지 않았을 수 있었다. 물론 결과에 따른 가설은 무의미하지만.

   챌린저호도 같은 경우다. 1986년 미국의 우주선 챌린저호가 발사 3초만에 폭발하여 승무원 7명 전원이 사망했다. 전 세계는 경악했고 사고원인에 모든 세계인이 이목이 집중되었다. 사고원인은 아주 작은 지름 1cm 정도의 'O'자 모양 고무링 하나가 불량의 원인이었다. 물리학자 리처드 파인만이 발견한 챌린저호의 사고원인은 동체 연결부위에 장착된 고무재질 O링이 추운 날씨에 깨져 발생했던 것이다. 이것을 가리켜

'O링이론' 또는 '제약조건 이론'이라고 하는데 복잡한 시스템일수록 디테일이 중요하다는 의미의 이론이다. 우리가 알고 있는 '악마는 디테일에 있다'는 말과 비슷한 의미다.

두 예에서 보듯 결과가 참혹하고 엄청난 피해를 가져왔지만, 원인은 예상 밖으로 아주 사소한 부분에서 시작되었다.

일상생활에서도 그와 같은 일들이 얼마든지 일어난다. 지난주 우리 집에도 비슷한 일이 있어 곤욕을 치렀다. 싱크대 수전을 올리고 내릴 때마다 연결 부분이 헐거웠는지 수전 틈으로 물이 조금씩 새곤 했다. 그때마다 이음새를 조이면 괜찮아 특별히 신경을 쓰지 않고 반복적으로 조이며 사용했다.

그러다 그제 사달이 나고 말았다. 오전 12시경 아내가 설거지하다 물이 홍수처럼 수전에서 흐르는 것을 보며 비명에 가까운 소리를 질러 서재에 있던 내가 나가 보니 주방 바닥이 물로 흥건했다. 단지 1~2분 동안 흘렀는데도 누수량이 얼마나 많은지 걸으면 첨벙댈 정도였다.

사람이 극한의 상황에 처하게 되면 판단 능력이 생쥐의 IQ인 10~20수준이 된다고 하는데 그 순간 내 지적 능력은 생쥐보다도 못한 패닉 상태였다. 급한 대로 아파트 관리실에 전화했지만, 점심시간이라 전화를 받지 않았다. 안절부절못하다가 정신 차리고 수도에 대해 잘 아는 사람과 전화 통화해서 임시 조치로 물이 들어오는 배수관 핸들을 잠궈 더 이상의 누수는 막을 수 있었다.

  며칠 전 여행을 다녀왔는데 여행 중에 누수가 발생했다면 상상도 하기 싫은 끔찍한 일이 벌어졌을 것이다. 수리 비용으로 12만 원이 들었지만, 우리 가족이 없었을 때 발생했다면 우리 아래층 몇 가구는 홍수철도 아닌데 물벼락을 맞았을 것이고 수리 비용도 12만 원에 최소한 0이 두 개가 더 붙어야 해결 가능했을 것이다. 물이 조금 샐 때 수전을 재빨리 교체했다면 괜찮았을 텐데 사소한 일이라고 생각한 것이 문제였다.

  수령이 수백 년 된 큰 나무가 수십 번이나 벼락을 맞았고 눈사태와 폭풍을 셀 수 없이 겪었어도 건재했지만, 그 나무를 쓰러뜨린 것은 사람 손가락으로 눌러 죽일 수 있는 만큼 연약한 딱정벌레가 나무껍질을 뚫고 파고들어 계속 공격해 결국 나무를 쓰러트린다는 사실이다. 숲속의 거목이 그 작은 곤충에 무릎을 꿇는 것이다. 상상이 되는가? 하지만 실제 상황이다.

결혼식

못 가요

통계나 실험을 통해 과학적 검증을 할 수 없는 일 중 관습적으로 믿고 따르는 것들이 있다. 오래전에는 별 의구심 없이 받아들였지만, 지금은 합리적 접근과 거리가 있는 우리 일상과 밀접한 일들이다.

대의명분은 '좋은 게 좋은 거지' 또는 '옛날부터 늘 그렇게 해왔어. 뭘 따져' 나쁘다는데 굳이 할 필요가 있느냐는 누이 좋고 매부 좋은 두루뭉술한 것들이다. 사회 풍습에 순응하고 전통문화에 동화하라는 압력이다.

사람들이 맹신하는 것 중 하나가 자녀의 결혼식 날짜가 정해지면 앞선 날짜에 하는 지인이나 친척의 결혼식 참석과 예정에 없던 조문이 자녀 결혼식에 좋지 않은 영향이 있다는 것이다. 결혼 당사자인 자녀가 참석하는 것은 까무러칠 일이다.

사회에서 만난 지인이나 학교 동창에 관련된 결혼식이라면 '마음 전하실 곳'으로 축의금을 송금하면 되지만 가까운 친척 결혼식에 가지 않으면 예의에 어긋나는 것 같아 마음이 몹시 불편하다.

장례식도 마찬가지로 지인이나 친척이 상을 당하면 인간적 도리로 문상을 가지 않을 수 없어 망설이게 된다. 백번 양보해 결혼을 앞둔 당사자인 자녀까지야 그렇다 쳐도 부모 입장에서 가지 않으면 곤혹스럽다.

좋게 말해 대대로 내려온 풍습이고 나쁘게 말하면 합당한 근거를 찾기 어려운 미신에 가까운 것이다. 그렇다고 통계를 내서 참석 유무에 따라 좋고 나쁨을 수치로 나타낼 수도 없는 노릇이다.

결혼식 날짜 잡고 장례식장이나 결혼식에 가지 말라는 이유가 전혀 근거가 없는 것은 아니다. 위생이나 환경이 열악했던 옛날에는 많은 사람이 모일 경우 전염병이나 식중독 등의 문제가 생길 가능성이 컸다. 결혼식은 그나마 조금 나은데 장례는 지금과 달리 집에서 모든 것이 이루어졌다. 방에 시신 안치부터 염습, 입관 등 장례 절차가 질병이 발생하는 환경이었다. 나도 어려서 할머니와 부모님 장례를 집에서 치러 그 실상을 지금까지 생생히 기억하고 있다.

특히 여름철 장례는 시신이 부패한 악취가 온 집안에 진동

했고 안치 과정부터 비위생적이었다.

　결혼식도 많은 사람이 좁은 장소에 모이면 지금처럼 위생에 대한 철저한 대응능력이 부족해 문제가 될 수 있었고 음식물을 보관할 냉장고가 없던 시절이라 여름철에는 식중독이 발생할 확률이 높았다. 행여나 경사를 앞둔 당사자나 가족이 탈이 나면 속수무책이었다. 그런 깊은 뜻이 있어 참석을 만류했던 것으로 추측된다.

　지금은 완벽한 위생시설과 음식물을 제공하는 전문 장례식장이 있어 예전의 걱정은 기우에 불과하고 결혼식장도 다양한 형태의 훌륭한 장소가 있어 전혀 위생에 문제가 되지 않는다. 환경이 전과 비교가 안 될 만큼 발전했는데도 사람들의 생각은 요지부동이라 고민과 갈등이 계속된다. 꼬치꼬치 따지지 말고 전과 같이 따라하기가 가장 마음 편하고 잡음이 없는 방법이다.

　TV나 유튜브에서 이런 주제의 프로그램을 많이 봤지만 역시 결론은 참석하라고 권유한다. 방송의 긍정적 역할의 특성상 그렇게 계몽할 수밖에 없을 것이다.

　머리로는 충분히 받아들여 동의할 수 있지만 실생활에서 그런 경우가 발생하면 그때는 가슴이 반발한다. 이성적 판단과는 다르게 근거가 부족한 위험 회피 수단으로 미신에 가까운 결정을 내린다. 주위 사람들 역시 이구동성으로 얼마든지

성의를 표할 수 있는 방법이 있는데 안 좋다는 걸 굳이 가려고 하냐고 강압적으로 조언한다.

나는 내 의지대로 주위 의견에 신경 쓰지 않고 대부분 참석하는 편이지만 때로는 가족의 압력에 못 이겨 지인 어머니 장례식에 참석 못한 적이 있었다. 지금까지 그 지인에게 미안한 마음이 남아 있다.

어떤 젊은 여성은 온갖 음해공작(?)을 무릅쓰고, 하물며 부모님과 싸우기까지 하며 자기 결혼식에 앞서 하는 친구 결혼식에 참석했는데 몇 년 후 그 친구 부부가 이혼했다는 소식을 들었다고 한다. 자기 부부는 행복하게 잘살고 있는데 말이다. 꾸며 낸 이야기라도 나는 충분히 실제상황이 될 수 있다고 생각한다.

인간본성으로서 지닌 아름다운 마음을 고려한다면 새로 출발하는 부부를 위해 결혼식에 참석해 축하해 주는 것은 축복받을 일이지 잘못된 일은 결코 아닌 듯싶다. 혹시 자기의 축복을 앞서 결혼하는 부부에게 빼앗긴다는 우려라면 이기적이고 유치한 사고다.

문상은 생존한 사람이 고인을 추모하며 마지막으로 예의를 갖추는 성스러운 의식이다. 억지라도 반드시 가는 것이 인간으로서의 가장 기본적인 도리다. 종교에 관계없이 어떤 신이라도 참석하는 사람에게 축복을 내릴 선한 행동이다. 이승에서 누리지 못한 복을 저승에서 누리라고 명복을 비는데 어떤 나쁜 일이 문상하는 사람에게 일어날까?

이런 일들과 별개로 나는 결혼을 얼마 앞둔 젊은이들에게 과도한 음주나 운동, 위험한 고난도의 등산과 같은 활동은 자제하라고 권유한다. 혹시 몸에 이상이 생겨 축복받아야 할 결혼식에 차질이 생기면 평생 후회할 일이 되기 때문이다. 실제로 결혼을 며칠 앞두고 예비 신랑이 스키를 타다 다리에 골절상을 입어 결혼식에 목발을 짚고 친구의 부축을 받으며 입장하는 모습을 보면서 안쓰러웠다.

아직도 논쟁거리인 가족이나 본인 결혼식 전 타인의 결혼식 참석과 장례식장 문상을 주위 사람의 주장이나 옛날의 관습에 따르는 것과 내 확고한 신념에 따라 결정하는 것 중 내 마음속 기 싸움에서 승리하는 쪽으로 움직이면 된다.

누구나 나름대로 생각하는 삶의 가치관이 있어 구태여 옳고 그름을 따질 일은 아니며 강요할 일은 더욱 아니다.

본인의 결정이 옳다고 생각하면 그만이다. 어차피 내 몸이 가는 거지 다른 사람 몸이 대신 가는 것이 아니기 때문이다. 나빠도 내가 나쁘고 좋아도 내가 좋은 이유다.

행운의 여신

　겨울밤. 어느 노부부가 객실이 꽉 찬 호텔에 들렀다. 직원은 빈방이 없다는 대답을 하며 다음과 같이 제안했다. "불편하시더라도 제가 거처하는 방을 내드리겠습니다." 노부부는 잠시 생각하다 직원의 친절을 받아들였다. 이튿날 아침 그들은 떠나면서 말했다.
　"당신은 정말 성실한 사람이요. 언젠가 당신을 위해 호텔을 짓겠소." 뉴욕 맨해튼의 그 유명한 아스토리아 호텔이 탄생하게 된 이야기다. 노인이 바로 윌리엄 아스토르이고 그 직원이 세계적인 호텔 체인을 이룩한 조지 볼트이다.
　그 호텔직원인 조지 볼트가 그 노부부를 일개 고객으로만 생각했다면 그 날밤 아스토리아 호텔의 씨앗은 뿌려지지 않았을 것이다. 그 씨앗은 바로 성실과 친절이었다.

아들에게 두 귀가 진절머리 나도록 하는 내 어록 중 하나가 "성실히 열심히 해! 누군가는 너를 지켜보고 있다. 사람이 아니라면 하늘에 계신 하나님이라도 보고 계실 거다."다.

'열심히'는 성실이란 단어와 가장 가까운 이웃이고 '성실'은 어느 곳에서나 통하는 무형의 세계 공용화폐다.

'성실은 그 자체로 하나의 가치라기보다는 다른 모든 가치를 보장해주는 가치이다' 어느 억만장자가 한 말이다. 성공이라는 가치를 보장받으려면 성실이란 무기로 무장해야 한다는 의미다. 열심히 와 성실의 공통점은 누군가 보지 않아도 그 행동을 한 자신은 분명히 알고 있고 누군가 이런 행동을 인정해 준다면 더 좋은 일이다.

아들에게는 실체가 없는 공허한 말로 공기 속 파장으로만 들릴 수 있지만 실생활에서 얼마든지 결과로 나타나 한순간에 운명을 바꾸어 놓는 전환점이 되기도 한다. 우연이 필연의 모습으로 변해 행운의 여신과 동행이 시작되는 이런 이야기는 책이나 지인으로부터 오는 카카오톡에서 쉽게 볼 수 있는 내용들이다. 그 이야기가 소설처럼 허구인지 아니면 실제 상황을 과장한 것인지는 알 수 없지만, 분명히 발생 가능한 현실 속 이야기임에는 틀림없다.

지인이 들려준 다음 이야기는 앞에서 말한 내용처럼 우리 주변에서 늘 발생하는 평범한 일이다. 그렇다고 누구나가 그 기회를 잡는 주인공이 되는 것은 별개의 문제다.

30대 후반의 두 젊은이는 코로나 사태라는 예기치 못한 상황으로 갓 시작한 떡 사업이 위기를 맞고 있었다. 떡장사의 속성은 동네 상가나 가게에서 하는 소규모 장사다. 대형 떡가게가 없진 않지만 두 형제는 자본이 턱없이 부족했고 경험도 없었으며 더욱이 장사의 성패를 가를 판로는 그들에게 길을 전혀 터주지 않았다. 지갑의 무게에 도움이 되지 않는 떡에 대한 땀과 열정만이 그들 형제가 가진 무형의 자산 전부였다.

끊임없는 시도와 집념 덕분으로 유명대형 백화점에 일정 기간 가판형태의 판매대를 얻어 떡 판매를 할 수 있었다.

코로나바이러스 때문에 음식물 판매의 첫 번째 조건인 시식 자체가 전염문제로 불가능했다. 실내 어느 곳이나 마스크를 철저히 착용해야 입장이 가능할 때라 마스크를 벗고 백화점에서 떡을 시식한다는 것은 음주운전과 같은 위험천만한 일이었다.

가판을 시작하고 몇일이 지났지만, 판매는 거의 이루어지지 않았고 시간은 그들의 절박한 마음을 외면한 채 하염없이 제 속도대로 진행해 계약종료일이 다가오고 있었다. 그러던 어느 날 낯 모르는 중년 부인이 그 판매대 앞을 서성대며 그들을 유심히 지켜보았다. 그 부인은 시식이 가능하냐고 형제에게 정중히 물었고 형제는 새로 개발한 떡을 맛볼 수 있게 해주는 동시에 떡 몇 개를 싸서 집에 가서 드셔 보시라고 주었다. 훌륭한 서비스에 한발 앞서 '고객 기대 능가하기' 마음이었다.

그 후 그들은 백화점 구매부로부터 견본 떡을 요청받았고 그 호텔의 VIP 고객실 접대용 떡으로 고정 납품하게 되었다. 그 중년 부인은 그 호텔의 최고 등급 고객으로서 처음 먹어보는 참신한 아이디어의 떡에 만족해 그 떡을 백화점의 VIP실에 강력 추천했다고 한다. 백화점의 VIP 고객 라운지는 일년에 상당액 이상의 물건을 백화점에서 구매해야 출입이 가능하며 모든 서비스가 제공되는 곳이다. VIP 고객들의 백화점에 대한 영향력은 대단해 서민들이 느끼는 것 이상이다. 그 부인은 며칠동안 그 형제들을 지켜보며 그들의 열정과 친절을 확인했고 마지막으로 새로운 개념의 떡을 시식하고 그들을 돕기로 마음먹었던 것이다.

백화점 납품이 계기가 되어 그 부인이 몇 군데를 더 소개해 지금은 유명 백화점과 대기업에 떡을 납품하고 있다.

내가 사는 동네에 들르는 여러 업종의 가게들이 있다. 나는 그 가게에 딱 한 번만 가보면 그 가게가 몇 달 내에 주인이 바뀌어 새로운 간판으로 다른 영업을 할지 아니면 계속 그 가게의 간판을 달게 될지 알 수 있는 간단한 방법이 있다.

내가 가게 안으로 들어갔을 때 친절하게 인사를 하거나 상품에 대해 물어보면 성의껏 대답해 주는 가게 점원이나 주인이면 그 가게는 문 닫을 확률이 현저히 낮다.

반면 어떤 가게는 내가 들어가면 직원이 인사는커녕 앉아서 스마트폰을 보는데 정신이 팔려 지나가는 개 보듯 힐끗 보며 물어보는 말에 퉁명하게 대답하는 가게가 있다. 그런 가게는 폐업이 예약된 가게가 될 가능성이 90% 이상이다. 하물며 자기 가게 앞 입간판이 바람에 쓰러져 있음에도 하루종일 세워 놓지 않는 가게도 있다. 그 가게의 운명은 쓰러진 입간판과 함께 이미 결정된 거나 다름없다. 이런 폐업이 대기 명단에 올라있는 가게들의 특징은 상품을 세일행사 하거나 신상품이 입고되었을 때 하나같이 고객에게 문자 메시지를 보내준다는 사실이다. 나는 문자를 받자마자 무시하고 바로 삭제해 버린다. 따뜻한 말 한마디 인사 하나로 나를 충성스러운 단골로 만들 수 있었는데. 물론 문자 메시지 보내는 비용도 절약할 수 있었고.

사물을 보는 사람의 시력은 제각각이지만 현상을 분별하는 사람의 안목은 모두 같다고 봐야 한다. 내가 친절하게 느끼면 다른 사람 역시 같이 느끼게 되어 있다. 그것이 사람의 원초적 본성이고 감정이다.

떡 가게 두 형제와 폐업의 길로 들어서고 있는 가게의 주인은 서로 큰 차이가 없다.

차이라면 누군가가 지켜보고 있든 말든 항상 고객을 향한 진실된 마음으로 대하는 성실성이다.

다시 말하면 고객과 마주치는 순간순간이 기회일 수 있고 위기일 수도 있다. 기회일 때 성공의 닫힌 문을 여는 행운의 열쇠를 손에 쥐는 순간이다.

인내심을 가지고 열심히 노력하며 준비되었다면 행운의 여신이 주의 깊게 보살필 것은 자명하며 행운은 당연히 주어지는 선물이 아닌 보상이고 대가다. 물론 실패가 가까이할 틈을 주지 않는 가장 확실한 방어벽이기도 하다.

멈추어 주세요

부제 : 사람에겐 얼마만큼의 땅이 필요한가

계영기원 여이동사(戒盈祈願 與爾同死) "가득 채워 마시지 말기를 바라며, 너와 함께 죽기를 원한다." 조선시대 거상 임상옥이 가지고 있었다는 계영배(戒盈盃)에 새겨진 문구다. 잔의 7할 이상을 채우면 모두 밑으로 흘러내려 '넘침을 경계하는 잔'이라는 속뜻을 가진 계영배는 과욕을 부리지 말라는 교훈을 주는 상징물이다. 공자도 이 잔을 옆에 놓고 과욕과 넘침을 경계했다고 전해진다.

임상옥과 공자도 그런데 평범한 사람들은 과욕과 넘침을 자제하기란 현실적으로 어렵다.

과욕의 대상물은 유무형의 여러 가지가 있지만 제일 먼저 돈, 즉 재화(財貨)를 떠올릴 것이다.

가정이 화목하면 모든 일이 잘된다는 '가화만사성'이란 말이 돈이 있어야 모든 일이 잘된다는 재화만사성(財貨萬事成)으로 고쳐 부른다고 한다. 돈의 위력을 잘 보여주는 현상이다.

가족사이 갈등이나 타인과 불화의 원인 대부분은 돈 문제로 시작된다. 현재 가진 것만으로도 충분한데 욕심이 지나쳐 주머니가 넘치도록 가득가득 채우고 싶은 인간 본연의 소유욕망 때문이다. 돈에 대한 욕심은 제동장치가 없는 폭주 기관차처럼 멈추질 않고 끝없이 달려 나간다.

고대 로마 격언에 '재물은 소금물과 같아서 마시면 마실수록 목마르다'라고 했다. 가지면 가질수록 더 가지고 싶고 한 번 내 지갑에 들어오기만 하면 출구를 찾을 수 없게 만드는 것이 돈에 대한 인간의 끝없는 욕심이다.

나는 계영배의 의미가 '사람에겐 얼마만큼의 땅이 필요한가?'라는 톨스토이의 단편소설에 잘 나타나고 있다고 본다.

이 소설의 주인공 소작농 바흠의 소망은 자신의 땅을 경작하는 것이다. 그는 아내와 함께 성실하게 살았지만, 형편은 좀체 나아지지 않았다. 그러다 땅을 조금 사고 경작했지만 결코 만족할 수 없었다. 그러던 어느 날 새로운 땅을 사기 위해 계약하는 과정에서 그의 집에 밥을 얻어먹으러 우연이 들른 상인에게 귀가 솔깃한 소식을 듣는다. 바시키르 인들이 사는 곳에 가면 아주 싼값에 땅을 많이 살 수 있다는 것이었다. 더욱

이 그곳에 있는 촌장 노인의 비위만 잘 맞추면 얼마든지 땅을 헐값에 살 수 있다며 상인은 바흠에게 그가 산 땅문서까지 보여준다. 악마의 유혹이었다 그는 얼마 되지 않는 재산을 정리해서 바시키르 인들이 사는 마을을 찾아 나선다.

그는 그곳 촌장과 땅 매매계약을 하고 벅찬 가슴에 잠을 이룰 수 없었다. 천 루블만 내면 '해 뜰 때부터 해 질 때까지' 걸어서 돌아온 땅을 모두 가질 수 있는 계약이었다. 단, 전제는 해가 질 때까지 출발 지점으로 돌아오지 못하면 땅을 하나도 받을 수 없다는 단서 조항이었다.

들뜬 마음에 뜬눈으로 밤을 샌 바흠은 동이 트자마자 봇짐을 메고 하인과 땅 사냥의 길을 떠났다. 그런데 바흠은 점심이 지났는데도 반환점을 돌지 못하고 앞으로 계속 전진만 했다. 나아가면 갈수록 더욱 비옥한 땅이 눈앞에 펼쳐졌기 때문이었다. 바흠이 문득 정신을 차려 하늘을 보니 해가 어느덧 서산을 향해 기울고 있었다. 깜짝 놀란 바흠은 그제야 발걸음을 돌려 출발선을 향해 뛰어가기 시작했다. 해가 진 후 출발점에 도착하면 땅을 하나도 얻지 못할지 모른다는 불안감이 들자 마음은 점점 급해지고 그러면 그럴수록 몸은 가누지 못할 정도로 탈진해 갔다. 바흠은 지는 해를 바라보며 혼신의 힘을 다해 필사적으로 달렸고 마침내 해가 서산마루를 막 넘어가려는 순간 가까스로 출발선 위에 도착했지만 이어 가슴을 쥐며 쓰러졌다. 그러자 애타게 그를 기다리던 가족들과 바시키르 인들은 환호성을 지르며 그의 성공을 축하했고 촌장은 "허어! 장하구려! 땅을 완전히 잡으셨소!" 하고 말했다.

하인이 넘어진 바흠을 일으켜 세우려 했으나 그는 이미 피를 토하며 죽은 뒤였다. 하인은 괭이를 집어 들고 바흠의 무덤으로 발끝까지의 치수대로 정확하게 3아르신(1아르신은 70센티미터)의 땅을 팠다. 결국 그가 마지막으로 차지한 땅은 고작 2미터 조금 넘는 크기였다.

이 소설의 메시지는 과욕의 경계와 멈춤이다. 하루에 천 루블만 내면 원하는 만큼 땅을 가질 수 있다는 촌장과의 계약에서 바흠은 필요한 적당한 땅을 확보했을 때 '절제'라는 제동장치를 작동 했어야 했다. 성경에도 있듯 '욕심이 잉태한, 즉 죄를 낳고 죄가 성장한 듯 사망을 낳는다'라고 했다. 과복의 최종 종착지는 죽음이다. 육체적 사망도 있지만 정신적 경제적 회복 불가능한 사망도 있다.

세상에서 영원히 채울 수 없는 두 개가 있다. 욕심이라는 그릇과 밑 빠진 독이다.

사람은 재물을 원하는 만큼이 아닌 필요한 만큼 가져야 별탈이 없다. 원하는 만큼은 욕심이고 넘침이다. 필요한 만큼은 계영배의 7할처럼 절제의 마음이다.

이 소설의 작가인 러시아의 대문호 톨스토이는 그의 생가 야스나야 폴라냐의 비탈진 오솔길 끝자락에 겨우 한 평 크기의 비석도 없는 무덤에 묻혀 있다. 물론 그의 유언에 따른 작은 영면의 장소지만 죽어서도 무덤을 통해 우리에게 남긴 과욕 없는 그의 삶을 보여주고 있다.

　철학자 김형석 교수는 재물과 인간 행복에 대한 교훈으로 "경제는 중산층에 머물면서 정신적으로는 상위층에 속하는 사람이 행복하고, 사회에도 기여한다."라며 재산은 얼마큼 가지는 게 좋으냐, 묻는다면 자기 인격의 수준만큼 가지는 게 행복하다고 말한다.
　인격이 감당할 만큼의 재물이란 각자 판단할 일이지만 그것 역시 정답이 없는 난제임에 틀림없다. 내가 생각하는 해답은 현재 가지고 있는 재물로도 불편함이 없는데 더 갖고 싶은 마음이 들 때가 욕심의 문을 닫아야 할 순간이고 내가 감당할 수 있는 재물의 최대치다. 더 이상은 통제 불가능한 재앙이 된다. 음식도 내 위가 감당할 수 있는 만큼 먹어야 뒤탈이 없지만 과식하면 체하는 법이다. 돈에 체하면 소화제도 없어 치명상을 입게 되어 있다.
　옛말에 큰 부자는 하늘이 내리고(大富는 在天), 작은 부자는 근면함에 있다(小富는 在勤)고 했다. 생활에 불편함 없이 만족하고 살려면 근면하고 성실하면 된다. 그 이상은 하늘의 영역이고 욕심이다. 누구나가 대기업 회장이 되고 싶다고 되는 것은 아니지 않는가?

긴 머리 소녀

부제 : 공중도덕

　공중도덕은 여럿이 모여 집단의 형태로 이루어지는 교육을 처음 받게 될 때부터 익히는 사회구성원들의 가장 기본적인 행동 준칙이다. 다른 사람들과 상식적인 관계에서 마땅히 지켜야 하는 삶의 기초가 되는 질서다. 사전적 정의로는 '공중의 복리를 위하여 여러 사람이 지켜야 할 도덕'이라고 되어있다.

　두 번째 수필집 출간 후 기분이 구름 낀 날씨처럼 깔끔하지 못하고 쳐져 우울감이 마음을 둘러싸고 있었다. 아내는 여성의 산후우울증 같은 것이라고 했지만 출산 경험이 없는 나는 전혀 느낌이 오지 않았다.

　기분전환 할 겸 책과 독서대를 배낭에 꾸려 넣고 집에 같이 사는 가벼운 산후우울증을 앓았던 여성과 데이트할 겸 집 근처 커피숍으로 갔다. 오후 2시쯤 토요일의 커피숍은 주변에 대형 예식장이 있어 하객으로 보이는 한껏 멋을 낸 젊은 남녀들이 차를 마시며 대화를 나누는 테이블이 많았다.

구석진 테이블로 가서 고상한 자태로 독서대에 책을 걸고 막 독서를 시작하려는 순간 전방 7m 지점에서 들려오는 자지러지는 듯한 여성의 괴상한 웃음소리. 노래방에서 노래를 부를 때 흥겨워 내는 소리는 들어줄 만한데, 이 여성이 내는 소리는 비 오는 날 인적이 끊긴 골목에서 밤늦게 들었다면 귀신 소리라고 해도 손색이 없을 정도로 완벽했다.

2~30대로 보이는 네 명의 여성들이 모여 앉아 얼마나 재미있는 이야기를 하는지 수십 년 도를 닦고 있는 도사와 비슷한, 머리칼이 아주 긴 여성이 손과 발을 자유자재로 작동하면서 박장대소했다. 한두 번 듣는 것은 내 인내의 울타리 안 이시반 계속되는 그녀의 음향 소설에 실패한 소음에 더 이상 내 귀는 나를 완강히 거부하며 투정을 부리기 시작했다.

그 긴 머리 여성만 일관되게 세련된 대낮의 커피숍과 전혀 어울리지 않는 소리를 뿜어내며 주위 분위기를 오염시키고 있었다. 더욱 이해할 수 없는 점은 함께 대화를 나누는 동료 누구도 그녀를 제지하는 사람이 없다는 것이었다. 그녀의 습관화된 행동에 친구 모두가 무감각해졌는지 아니면 제지해도 별 소용없어 포기했는지 알 수는 없었다.

그녀를 향해 몇 번의 강력한 눈빛 레이저 총을 쏘아 댔지만 내 레이저가 그녀의 기세에 주눅이 들어 날아가다 추락했는지 그녀는 알아채지 못했다.

커피숍에 앉아있는 고객들이 할 수 있는 항의 표시는 그녀를 보며 눈살을 찌푸리는 전혀 실효성 없는 소극적 방법이 전부였다.

나는 사회지도층 인사는 아니지만, 고객을 대표해(손님 누구도 나에게 대표 권한을 주진 않았지만) 그녀에게 직접 경고를 할 것인가 아니면 이 상황을 조용히 지켜보는 침묵의 방관자 겸 조력자가 될 것인가 아내에게 의견을 구했다. 나보다 인내심과 배려심이 많다고 자부하는 아내 대답은 항상 관성의 옷을 입고 있었다. "여보 참아! 왜 나서. 그러다가 봉변당하면 어떡해!" 아내는 나에게 '방관자 효과'(혹은 구경꾼 효과) 즉 "내가 아니어도 누군가는 나서겠지."하고 자제를 강요했다. 이런 대답을 예상해 의로운 척, 용기 있는 척 폼만 잡다 말 것을 이미 알고 있었지만 한 번쯤 확인차 물어보았고 결국 아내의 의견을 100% 수용하는 착한 남편이 되는 꽃길을 걷기로 했다. '지난날 강가에서 말 달리던 선구자(?)'가 되는 것은 현실에서는 정말 어렵고 요원한 이상이었다.

아이와 함께 케익과 주스를 먹던 건너편 테이블의 젊은 부부는 그 여성을 신경질적으로 힐끗 쳐다보며 소리가 나지 않는 눈으로만 온갖 욕설을 퍼붓다 포기했는지 아이 엄마는 아이의 솜사탕 같은 여린 손을 거칠게 낚아채고 자리를 떴다.

목욕탕, 식당, 커피숍, 은행, 영화관 등 많은 사람이 이용하는 공공장소에서는 남에게 피해를 주는 소음 발생이나 행동을 하지 말아야 하는 것은 아이 때부터 지켜야 할 귀에 못이 박히도록 들은 공중도덕이다.

그런 비상식적 행동을 공공장소에서 하더라도 적극적으로 제지하는 사람을 거의 보지 못했다. 전형적인 비 간섭, 비 참전 주의며 바쁜 세상에 남의 일 신경 쓸 일이 없다고 자위하며 자기 합리화를 한다. 아내 말대로 "제지하는 사람이 왜 당신이어야만 해?"하는 생각.

'나 대신 누군가가 해주겠지' 하고 남에게 기대하는 것이 우리나라뿐 아니라 어느 나라 사회에나 만연되어 있다. 그 사고의 밑바탕에는 혹시 나섰다가 험한 꼴을 당하지 않을까 염려하는 것이 대부분 사람이 남에게 전가하는 이유다.

낮에 카페에 있던 '빗소리 들리면 떠오르는 모습~'의 그 긴 머리 소녀는 도 닦으러 산으로 올라 갔는지 찾을 수 없고 대신에 삼십이 넘은 아들이 얼굴을 찌푸린 체 무늬만 정의로운 아버지에게 저녁 식사 후 '남에게 피해를 주지 않는 공공장소에서 에티켓'이란 제목의 잔소리를 들어야만 했다.

대한민국 부모들은 자녀들에게 '공부 열심히 하라'고 강조하지만 일본 부모들은 '남에게 폐 끼치지 말라'고 가르친다고 한다. 어느 것이 우선순위 인지는 각자의 가치관에 따라 다르다.

자녀들에게 남에게 폐 끼치지 말고 공부 열심히 하라고 가르친다면 어떨까? 훌륭한 인성교육이 될 텐데. 좋은 자녀는 좋은 부모의 등을 보며 자란다는 것은 진리다.

그 긴 머리 소녀가 부모님을 생각해 더 이상 남들에게 욕먹지 말아야 할 텐데. 참 나도 걱정도 팔자다.

인연

부제 : 피천득의 '인연'

모든 인간은 관계 속에서 서로 의미와 가치를 지닌다. 관계가 단절된 무인도에 홀로 남겨졌다면 인간 존재는 무의미하지만 다른 사람들과 관계가 구체화하는 것이 사람 사는 세상에서 맺어지는 인연이다.

최고의 수필로 꼽히는 피천득 선생의 '인연'을 오래전에 읽고 난 후 마음을 덥혀주는 겨울 담요 같은 따스한 감동을 받았다.

피 선생님이 17살이 되던 봄 처음 동경에 간 일이 있었는데 그곳에서 지인 소개로 유숙을 하게 되어 주인집 딸 아사코와 첫 만남이 이루어진다. 아사코가 10살 정도의 초등학생이라 피 선생은 그녀에게 이성의 감정은 없었을 것이고 오누이 관계와 같은 순수한 마음이었을 것이다.

그 후 10년이 흘러 다시 동경에서 두 번째 만남을 갖게 된다. 아사코는 성심여학원 영문과 3학년으로 20대 초반 성숙한 여학생으로 성장했다. 그녀와 함께 산책하며 밤늦게까지 문학 이야기로 아름다운 추억을 쌓는다.

세 번째 만남은 역시 10여 년 지나서였다. 첫 번째와 두 번째 만남은 일제 강점기였고 세 번째 만남은 대한민국이 독립했고 6·25전쟁이 끝난 1954년이었다. 아사코는 일본인 2세인 군 장교 인 것을 뽐내는 거만한 사나이와 결혼한 상태였다. 피 선생은 아사코의 백합같이 시들어 가는 얼굴을 보며 평탄치 못한 결혼생활의 단면을 느껴 가슴 아파한다.

'그리워하는데도 한 번 만나고는 못 만나게 되기도 하고, 일생을 못 잊으면서도 아니 만나고 살기도 한다. 아사코와 나는 세 번 만났다. 세 번째는 아니 만났어야 좋았을 것이다. 오는 주말에는 춘천에 갔다 오려 한다. 소양강 가을 경치가 아름다울 것이다'로 이 수필은 끝을 맺는다. 아사코에 대한 피 선생님의 안타까움과 그리움을 보여주는 마지막 대목이다.

'시절 인연'은 모든 사물의 현상이 시기가 되어야 일어난다는 불교 용어로 '만나게 되어 있는 것은 결국 만나는 인연'이라는 의미다.

피 선생님에게는 아사코와 만남이 시절 인연이 아닌가 싶다. 본인 독백대로 세 번째 만남이 없었다면 마음 아프지 않고 마침표가 없는 미완의 아련한 인연으로 남았을 것이다.

스쳐 지나가는 미풍과 같은 인연이 태풍의 인연으로 강력해지기도 하지만 반대로 오래 이어질 것 같은 질기고 강력한 태풍과 같은 인연이 한순간에 허무하게 끝나는 경우도 있다. 내가 얼마 전 그런 인연을 경험했다.

세상에는 좋은 인연이 수없이 많다. 우연히 알게 되어 끊이지 않고 건강한 인연이 계속되는 것을 흔하게 본다. 좋은 인연도 있지만 나쁜 인연, 즉 악연도 있다. 없었다면 좋았을 인연이지만 사람 힘으로 피할 수 없는 인연이다.

전에 살던 아파트 상가에 중년 여성이 홀로 운영하는 작은 미용실이 있었다. 이발비용이 다른 곳보다 저렴하고 아파트 상가 내에 있어 편리했다. 아내도 염색과 커트를 그곳에서 나와 함께 했다.

칠 년 전 지금 사는 곳으로 이사 올 때 집 근처로 미용실을 옮기려 했지만, 아내가 계속 그곳에서 머리를 손질하자고 해서 가는데 조금 귀찮긴 했지만, 아내 의견에 따랐다.

그 원장님은 30분 차 타는 불편을 감수하고 오는 우리를 배려해 몇 년 동안 이발비와 염색비를 올려 받지 않았다. 다른 곳과 비교해도 턱없이 싼 요금이었다. 우리도 미안해서 가끔 원장에게 줄 간식거리와 커피를 사 가곤 했다. 보통 이상의 고객과 미용실 원장 관계였다.

이 주 전 이 인연이 끊어지는 아픔이 있었다. 여느 때와 같이 예약하고 그곳으로 갔는데 우리를 맞이한 사람은 그 원장님의 친구였다. 그 원장님 남편에게 부탁받고 임시로 그 미용실을 봐준다고 했다.

지난 주 원장님이 일 마치고 퇴근하다 뇌출혈로 쓰러져 병원 중환자실에서 치료 중에 있다고 했다. 우리는 거의 10년 이상 인연을 맺어온 사이다. 정확하게 한 달에 한 번 만났지만 보지 않아도 서로 가족처럼 느끼고 대했던 집 밖의 식구였다.

아내와 나는 원장님이 미용실을 그만둘 때까지 그곳에서 머리를 하자고 약속했지만 우리 누구도 의도치 않게 이쯤에서 서로 인연이 끊어지는가 싶다.

인연은 소중한 인간관계의 보이지 않는 끈이지만 이어가는 것이 결코 쉽지 않은 어려운 일이라는 것을 체감했다.

우리 주위의 수많은 짧은 인연과 긴 인연, 좋은 인연과 나쁜 인연, 질긴 인연과 약한 인연이 존재하지만, 내일을 알 수 없는 인간이기에 순간마다 관계 속에서 최선을 다하는 방법 밖에는 별 도리가 없는 듯싶다.

법정 스님의 말 대로 '인연을 맺으려면 좋은 인연을 맺고 함부로 인연을 맺는 것이 아니라고' 하지만 보통사람으로는 그것을 구별하기란 거의 불가능에 가까운 일이다.

우연히 책에서 읽은 글귀가 생각난다. '인연이란 처음 만났을 때 건네는 말이고, 운명이란 마지막까지 남아준 사람에게 건네는 말이다' 그 원장님과 운명이라는 지점까지는 우리 부부가 도달하지 못한 모양이다. 그것 또한 우리 인간이 할 수 있는 영역이 아니지만.

내 거

하자

"내 손자가 당신에게 할머니라고 부르는 관계가 되었으면 하는데 어떻게 생각해?
"그렇게 하지 뭐!"

    영문학을 전공하던 젊은 남자는 멋진 문학적 표현을 쓰고 싶었는지 '우리 결혼하자'라는 말은 비문학적 직접화법이라 감동이 없어 '손자의 할머니'라는 본인 나름의 조금은 유치한 은유적인 표현을 사용했다.
    몇십년 전 허름한 생맥줏집에서 20대 후반의 한 남자가 사귀던 동갑내기 여성에게 프러포즈한 대화 장면이다. 당시도 감미로운 피아노 연주를 들으며 식사하는 고급 레스토랑에서 사치스러운 청혼을 할 수 있었지만 남자는 학생 신분이라 경제적 자유에 제한이 있었다.

두 남녀는 선물이 포함된 그럴듯한 프러포즈 대신 시원한 500CC 생맥주잔을 깨질 듯 부딪히며 공짜로 주는 조미 김 안주를 이빨에 시커멓게 정표로 붙이고 결혼을 약속했다. 이빨에 붙었던 김 덕분인지 둘은 지금까지 떨어지지 않고 별 탈 없이 살고 있다. 생맥줏집 프러포즈 이벤트를 했던 남자는 내 자신이고 그 여성은 아들이 윤가네 마님이라고 부르는 아내다.

요즈음 젊은이들은 '우리 결혼하자' '나랑 결혼해 줄래?' 혹은 화끈한 소유 개념이 풍기는 '내 꺼 하자!' 등 번개처럼 번뜩이는 깜찍한 표현으로 프러포즈를 한다고 들었다.

내가 했던 생맥줏집 프러포즈 형식은 이미 원시시대의 문화유산(?)이 된 지 오래지만, 그때는 그렇게 해도 진심이 담긴 청혼의 의미에는 부족함이 없었고 여성 역시 남자 마음을 충분히 이해했고 행복해했다.

이벤트, 선물, 장소 등은 종속변수였고 변치 않는 서로에 대한 사랑과 신뢰가 절대 상수였다.

내 친구는 막걸릿집에서 누리끼리한 찌그러진 양은 막걸릿잔과 빈대떡을 삐걱거리는 나무 테이블에 놓고 시큼한 막걸리 냄새를 입에서 풍기며 여자친구에게 프러포즈했지만 지금까지 잘살고 있고 중매쟁이 역할을 한 막걸리를 아내와 즐겨 마신다고 한다.

전과 달리 지금 젊은이들의 프러포즈 행사는 다양하고 창의적이라 중년인 나는 상상 못 할 일이다. 젊은이들의 이런 욕구에 맞추어 프러포즈 행사를 대행해주는 전문업체가 많아 본인이 원하는 방식대로 얼마든지 할 수 있다고 한다.

이벤트 장소도 호텔, 영화관, 아이스 링크, 요트, 산, 축구장, 야구장 등 일일이 다 말할 수 없을 정도로 많고 비용도 만만치 않다. 프러포즈 장소와 식사 비용에 옛날 노래에 나오는 꽃반지를 선물로 줄 수 없어 고가의 보석 반지나 시계, 목걸이, 명품 가방, 옷, 등을 준비한다고 한다. 최소한 몇백만원에서 많게는 천만 원대의 비용이 든다고 하는데 옛날 같으면 신혼 전세방 얻을만한 돈이다. 얼마 전 고가의 외제차를 남자친구가 프러포즈 선물로 주었다는 뉴스를 보고 극소수이긴 하지만 서민들은 상상 못 할 일이다.

지금 시대에 정한수 한 그릇 떠 놓고 둥근 보름달을 보며 결혼 약속을 할 수는 없지만 비용문제가 젊은이들에게는 큰 부담이 되는 모양이다.

내 주위 젊은이들에게 들은 이야기지만 프러포즈 이벤트 비용을 충당하기 위해 마이너스 통장을 개설하거나 신용카드로 헤어질 수도 있는 기간인 6개월 이상 할부로 하는 젊은이도 있다고 한다.

만남을 기념하기 위해 백일 단위나 년 단위로 이벤트를 해서

비용을 감당하지 못해 신용불량자 대열에 합류한다면 곤란하겠지만 특별한 경우를 제외하고 일생에 한 번이라면 분수에 조금 넘치는 정도의 돈을 쓰는 것은 감정적으로 이해는 된다.

미국의 유력 경제 매체 월스트리트저널이 '결혼식에 앞선 고가의 장애물: 과시용 4천500달러(약 574만원)짜리 프러포즈'라는 제목의 기사(2023년 6월 14일자)에서 혼인 건수가 역대 최저를 기록한 한국에서 고가의 프러포즈 트렌드가 커플들에게 압박이 되고 있다고 보도했다. 외국에서조차도 우리 젊은이들의 프러포즈 이벤트에 곱지 않은 시선을 보내고 있다.

친구나 또래의 사람들과 비교해 경쟁적으로 하는 과시형이나 허영심이 아니라면 한 번쯤은 해 볼만한 일이지만 월스트리트저널의 기사처럼 젊은이들이 심한 경제적 압박을 느낄 정도의 프러포즈 라면 다시 생각해봐야 하지 않을까?

모든 세상일은 프러포즈와 같이 때가 있어 결혼 후에 형편 좋아져 할 수 있는 행사가 아니지만 그런 이유가 자신의 능력을 한 참 넘어서는 과도한 프러포즈를 정당화하진 않는다.

돈으로만 계산해서 할 일이 아닌 정서적 감정적인 마음이 합리적인 마음보다 우선하는 상황이 늘 발생하는 게 우리의 삶이지만 넘지 말아야 할 경계는 분명히 있다.

돌아갈 수 없는 시간의 추억이나 사랑의 감정표현은 시대를 초월해 더욱 돈으로 계산할 수도, 보상 받을 수도 없는 무형의 정신적 자산이며 필요할 때마다 머릿속 창고에서 다시 꺼내 볼 수 있는 우리 인생의 영원한 기쁨이며 보물이지만 이성적이고 상식적인 전제가 필요하지 않을까 싶다. 슬프지만 시대의 흐름에 따라 사랑의 농도와 진심을 보여주기 위해서는 어느정도 자본주의가 침투해야 하는 모양이다.

내 주위에 어려운 환경 속에서도 진실한 사랑을 이어가며 검소한 프러포즈를 하는 젊은이들을 많이 보았다. 서로 사랑의 확신만 있다면 돈 낭비, 시간 낭비, 감정 낭비가 될 수 있는 지나친 프러포즈 이벤트는 결코 바람직 하지 않나 싶다.

현시대에서 연인의 집 창밖에서 늦은 밤 세레나데를 부르며 청혼할 순 없지만, 최소한 그런 청혼에 대한 순수한 감수성을 가지면 어떨까? 시대착오적인 꼰대 마인드인가?

성공적인 부부생활을 위한 십계명

(부제: 결혼한 아들에게 주는 아버지의 인생 조언)

1. 사소한 것이라도 서로 의논해야 한다.

배우자와 가정사를 공유하는 것은 좀스러운 일이 아니라 서로를 위한 세심한 배려이고 이것을 소통이라 한다. 소통이 안 되면 고통이 오고 오해가 생긴다. 축구장 크기의 수백 배 면적을 태운 대형 산불도 직경 1cm도 안 되는 담뱃불로부터 시작된다는 사실을 명심해라.

2. 무조건 서로 믿어야 한다-신뢰 관계 구축.

작가 박완서는 "불신이 무식한 것보다 더 큰 죄다"고 했다. 불신의 씨앗이 가슴속에 뿌려지면 순식간에 자라 믿음의 텃밭을 완전히 덮어 버린다. 그만큼 파괴적이다. 서로 묻지도 따지지도 말고 믿어야 한다. 의심은 없는 병도 지어내고, 믿음은 있는 병도 없애 준다고 했다.

3. 경제 공동체가 되어야 한다.

각자 돈 관리를 하는 독립채산제는 투철한 독립 지향적인 현대적인 부부의 전형적인 재산관리 모습 같지만 별로 내 경험으론 긍정적이지 못하다. 부부 사이 모든 갈등의 90% 이상은 투명하지 못한 돈 문제로부터 시작된다. 일심동체보다 더 중요한 것은 돈에 대해 경계선이 없는 부부 경제 공동체다.

4. 가사는 서로 미루지 말고 자발적으로 분담해야 한다.

설거지, 장보기, 식사 준비, 청소, 쓰레기 분리수거 등을 누가 할 것인가 규칙을 정하지 말고 먼저 퇴근하는 사람이나 늦게 출근하는 사람, 주중 휴무하는 사람이 자발적으로 하면 된다. 규칙으로 강제하는 것보다는 신뢰를 바탕으로 하는 솔선수범 정신인 '내가 먼저 조금 더하기'가 훨씬 아름다운 부부의 모습이다.

5. 양가 대소사에 부조금이나 선물 등은 비슷하게 해야 한다.

시가, 처가 행사 가리지 말고 함께 참석해야 한다. 선택적으로 한쪽에만 참석하면 싸움이 나기 마련이다. 어쩔 수 없이 불참하게 되면 이유를 충분히 배우자에게 설명해야 한다. 선물은 액수가 비슷해야 하고 횟수도 비슷해야 한다. 큰 차이가 나면 감정이 상해 축하의 마음이 반감되며 부부싸움의 발단이 되기 쉽다.

6. 서로 대리 효도를 강요하지 말아야 한다.

결혼하기 전 효도에 무관심했던 자녀 특히 아들이 결혼만 하면 벼락 효자가 된다. 그것도 배우자를 통한 대리 효도 말이다. 아내에게 '시부모님에게 하루에 한 번 카톡 인사드리기'와 '일주일에 한 번 이상 전화하기' 등. 대리 효도는 대리운전과 차원이 다르다. 마음에서 우러나오는 효도가 진실한 효도이지 등 떠밀려 하는 효도는 고통일 뿐이다.

7. 늦게 귀가해야 할 경우 배우자에게 이유 정도는 알려줘야 한다.

사적인 영역이라 배우자에게 말할 필요가 있느냐고 반문할 수 있지만 그것은 결혼 전 이야기고 부부가 되면 먼저 퇴근해서 기다리는 배우자를 배려해 늦는 이유와 귀가 시간을 알려주는 것이 바람직하다. 부부 사이라도 이해하지 못하는 것이 무수히 많다. 일방적으로 이해해 주길 바라지 마라. 너 역시 무조건 이해해 주지 않는다.

8. 과거 헤어진 연인에 대해 말하지 마라.

서로 사랑해 결혼이라는 결실을 맺었지만 배우자에게 과거의 연인에 대해 듣는 것은 결코 기분 좋은 일이 아니다. 듣는 배우자는 불순한 상상의 나래를 한껏 펴 불필요한 오해를 해 부부

싸움의 시발점이 되기 쉽다. 선의의 거짓말로 "당신이 내 마음을 훔친 첫 여인이다"라고 해라. 아내는 속는 줄 알면서도 행복해한다.

9. 배우자를 소유로 대상으로 삼지 말아야 한다.

결혼과 동시에 배우자를 소유의 개념으로 생각하기 시작한다. 내 것이라고 생각되면 마치 내 물건처럼 마음대로 통제할 수 있다고 착각한다. 부부는 서로 소유할 수도 없고 소유되지도 않는다. 사람 마음이 물건이 아닌데 어떻게 소유권이 있을 수 있겠는가? 결혼해도 서로의 독립된 인격체라는 사실을 죽을 때까지 잊지 마라.

10. 배우자가 원하지 않는
나 홀로 취미생활은 자제하라.

결혼 전에는 함께 있지 않아 괜찮지만 결혼 후에는 취미생활을 함께 하는 것이 부부생활을 돈독히 하는 최상의 방법이다. 어쩔 수 없다면 배우자의 동의를 얻어 최소한의 시간과 경비로 나만의 취미생활을 해야 한다. 물론 배우자의 취미생활도 네가 즐기는 만큼 존중해야 한다.

아들아!

30여 년 이상 서로 다른 환경에서 자란 남녀가 결혼 후 짧은 시간에 하나가 되는 것은 솔직히 불가능하다.
흐르는 시간 속에 접점을 찾아가는 것이 결혼생활이다.
너를 먼저 내려놓고 아내를 네 마음속에 온전하게 받아들이면 그 적응 시간은 상당히 줄일 수 있다.
무조건 아내를 배려하고 존중해라. '가정의 행복'이라는 돈으로 살 수 없는 무한가치의 보상으로 돌아올 것이다. 아버지가 살면서 체득한 확고한 부부 철학이다.

영국 작가 오스카 와일드는 '사랑은 결혼으로 끝난다'라고 했다. 사랑의 최종 목적지는 결혼이지만 결혼 후 가야 할 올바른 행선지는 사랑이 밑바탕이 되는 가정의 행복이다. 위의 십계명 이행에 따라 연애 시절 보다 결혼생활이 훨씬 어려울 수 있다. '가장 가까운 사이에도 무한한 거리가 존재한다는 것을 깨달으면 훌륭한 결혼생활을 할 수 있다' 하는 말이 있다. 결혼생활의 속성을 가장 잘 나타내는 말이 아닌가 싶다.
위의 십계명을 식탁에 붙여놓고 매일 식사때마다 읽어 보렴. 반복해서 읽다 보면 자연스럽게 따라 하게 되어 있다.

며느리는

백년손님

전남 나주의 과수원 맏며느리로 시집온 캐나다 여성의 결혼생활 녹화방송을 유튜브에서 보았다.

요사이 농촌에서 외국인 며느리들을 흔히 볼 수 있지만 동남아 여성들이 대부분인데 반해 캐나다 여성과 같이 서양 며느리는 드물다.

시대가 많이 변했지만, 아직도 고부사이에 갈등이 여전히 존재하는 것이 대한민국 가정이다. 외국의 독립적인 가구 구성과 달리 한국 사회는 전통적으로 삼대 이상 한집에서 사는 경우가 많아 한국 며느리와 외국 며느리를 동일선상에서 시집살이를 비교하는 것은 무리가 있다.

사실 외국인 여성을 며느리로 받아들이는 과정에서 현실적 장애가 많지만 일단 결혼하게 되면 오히려 한국 며느리보다 고부 갈등이 덜한 것처럼 외견상으로는 보인다. 이유를 하나만 들라면 한국인 며느리와 달리 외국인 며느리에게 예상되는 우리와 다른 언어와 문화를 감안해 시부모들이 큰 거부감 없이 받아들이는 경향이다. 일종의 외국인 며느리만이 누리는 프리미엄이다. 이질적 문화차이를 용인해 주는 관대함이 저변에 깔려 있다고 할 수 있다.

내가 흥미롭게 본 부분은 어느 날 시아버지 친구분들을 위해 캐나다 며느리가 술안주로 퀘사이다를 직접 만들어 대접하는 장면이었다. 퀘사이다를 프라이팬에서 튀겨 시아버지 친구분들이 있는 상에 가져가 시아버지에게 "아버지! 이거 퀘사이다, 많이 먹어. 이거 매워, 이거 안 매워."하며 두 종류의 퀘사이다를 어눌한 한국어로 설명했다. 시아버지는 흡족한 표정으로 퀘사이다 하나를 집어먹으며 친구들에게 자랑했다. 이 캐나다 며느리는 한국에 온 지 8년이 넘었지만, 한국어는 기본적인 소통만 가능했다.

"많이 먹어!" 하는 말은 친구나 동생, 자녀와 같은 스스럼없는 사이에서 하는 반말이지 며느리가 시아버지에게 사용하기에는 아주 부적절한 말이다. 외국인 여성이라 말본새가 어린아이가 말을 처음 배울 때 억양으로 부자연스러웠지만, 오히려 애교 있고 친근하게 들렸다. 외국인 며느리라 웃고 넘어가는 것이다. 그럴 가능성은 없지만 한국인 며느리가 반말로 시아버지에게 "많이 먹어!" 했다면 시아버지는 뒷목 잡고 넘어갈 일이다.

한국어의 존댓말은 복잡하고 어려워 외국인들이 한국어를 배울 때 가장 애먹는 부분이라고 한다.

외국인 며느리와 고부갈등을 겪는 가정도 방송에서 보지만 대체로 외국인 며느리와 잘 지내는 가정이 많아 다행이다. 물론 글로벌 시대에 한국인 며느리와 비교해 외국인 며느리를 차별하면 안 되지만 말이다.

나는 다른 측면에서 한국 며느리들을 생각해 보았다. 한국 며느리도 시부모의 아들, 즉 남편과 성도 다르고 자라온 생활 환경도 다르고 나머지 학력 고향 자매 형제 등 겹치는 부분보다 그렇지 않은 부분들이 많을 것이다. 그렇다면 열린 마음으로 우리나라 며느리를 다른 환경에서 온 외국인 며느리처럼 생각해 포용력을 발휘하면 어떨까?

그 방송을 보면서 우리나라 며느리가 반말해도 웃음으로 다 받아주는 시부모와 함께 산다면 얼마나 행복한 대한민국의 며느리가 될까 하는 이루어질 수 없는 상상을 했다.

'먼 나라'가 아닌 '환경이 다른' 경기국에서 온, 전라국에서 온, 경상국에서 온, 충청국에서 온 며느리처럼 대해 준다면 정말 행복한 모습이 될 텐데.

우리 집안의 평생회원이 되기 위해 기꺼이 시집온 귀한 며느리로 간주한다면 고질적인 고부 갈등은 상당 부분 사라질 것이다. 불가능한 일은 아닐 것 같은데 세월이 흘러도 풀기 쉽지 않은 고부사이 관계다.

가장 이상적인 고부사이는 딸 같은 며느리는 닭살 돋는 새빨간 거짓말이고 남의 집 딸인 타인 같은 며느리는 어쩐지 멀게 느껴져 섭섭하고, 반갑게 만나는 손님 같은 며느리라면 어떨까? 서로 적당한 거리를 유지하며 예의를 지키고 배려하며 긴장하는 건강한 사이. 그런 관계가 된다면 며느리 입에서 부정적 의미의 집단처럼 들리는 '시월드'라는 말은 나오지 않을 듯싶다.

사위는 백년손님이라고 하는데 왜 며느리는 출가외인이라고 하는지? 조선시대도 아닌데 며느리도 백년손님으로 공평하게 대접한다면 존경받는 시부모가 될 것은 분명한데. 시부모도 시집간 딸이 있다면 더욱 그래야 하지 않을까?

피를 나눈 자녀와 같이 며느리를 대하는 시부모들도 많지만 그렇지 못한 시부모들이 시대에 맞는 민주적 정신 개혁을 한다면 시집 때문에 고통받는 며느리는 없을 것 같은데 쉽지 않은 일이다.

물론 며느리도 시집에 대한 부정적 고정관념을 버리고 열린 마음으로 함께 노력해야 한다는 전제가 필요한 것은 당연하다.

그 사람 마음으로 바라보기

부제 : 공감능력 UP

이야기 1

소파에 누워 세상에서 가장 편안한 자세로 TV를 보는데 아내가 음식물 쓰레기를 버려 달라고 부탁했다. 이제 막 재미있는 정치 토크쇼가 시작되는데 기다렸다는 듯 하필 이때. 후환이 두려워 어쩔 수 없이 음식물 쓰레기 봉지를 들고 현관을 나와 음식물 쓰레기 버리는 전자식 기계 앞에 왔는데 뚜껑을 열 수 있는 전자카드를 깜빡 잊고 가지고 나오지 않았다. 일단 쓰레기 봉지를 기계 옆에 놓아두고 집에 다시 갔다가 5분 후쯤 카드를 가져와서 보니 놓아두었던 음식물 쓰레기 봉투가 사라졌다. 누군가가 대신 버려준 모양인데 고마운 마음이 들었다.

음식물 쓰레기를 버리려고 전자식 쓰레기 수거 기계 쪽으로 가는데 추리닝 바지를 입은 중년 남자가 쓰레기 비닐 봉투를 기계 옆에 놓고 그냥 휙 가버렸다. 음식물 쓰레기 수거 비용이 얼마나 된다고 저렇게 몰래 버리고 도망치듯 가나. 나이도 들어 보이는데 주민 의식이 정말 형편없는 사람이었다. CCTV를 설치해서 이런 얌체 짓을 못하게 해야 하는데. 정말 별거 아니지만 화가 치밀었다. 물론 소수지만 우리 아파트 주민 의식이 이 정도로 수준 이하라니. 내가 대신 버려주었지만 어쩐지 마음이 영 개운치 않았다.

이야기 2

아내와 일주일마다 정기적으로 하는 장 보러 동네 대형마트에 왔다. 카트에 물건을 가득히 담아 계산하고 배달 접수하는 곳으로 갔는데 어제부터 우리 아파트 배달서비스를 중단했다고 한다. 참 난감했다. 손으로 들고 갈 수 있는 양과 무게가 아니어서 환불할 생각을 했지만, 더 번거로울 것 같아 불편을 감수하고 카트에 물건을 싣고 집으로 와서 내려놓고 카트를 마트에 다시 갖다 놓았다. 미리 알았다면 배달해주는 다른 마트로 가서 이런 고생은 하지 않았어도 될 텐데. 온몸이 쑤시고 아프다. 사우나에 가서 근육을 풀어주어야겠다. 마트까지 나를 피곤하게 만든 하루였다.

　주말이라 오랜만에 친구와 점심을 함께하고 기분 좋게 귀가해 차를 아파트 주차장에 주차하고 들어오는데 우리 아파트 주민 부부가 마트 카트에 가득 담긴 물건들을 경비실 앞에서 내리고 있다. 얼마 전 동네 대형마트에서 우리 아파트 주민들이 마트 밖으로 가져 나가면 안 되는 카트에 생필품을 가득 싣고 아파트까지 와서 물건을 내려놓고 카트를 주차장에 방치하는 바람에 카트 수거비(아르바이트생을 고용해 수거)와 수리 비용이 많이 든다는 볼멘소리를 마트 측으로부터 들었다. 정말 저러면 안 되는데 우리 아파트 민낯을 보는 것 같아 얼굴이 화끈거렸고 부끄러웠다.

　우리는 "남의 입장이 돼서 생각해 봅시다."하고 배려심이 넘치는 척 쉽게 말하지만 실행하기란 상당히 부담스러운 문구다. 많은 사람이 모이는 강연에서 강사가 역지사지라는 한자를 칠판에 멋지게 써가며 근엄하게 할 법한 구호에 가까운 말이다.
　내 귀나 눈에 거슬리는 어떤 말을 듣거나 광경을 보면 상대의 입장을 헤아려주는 여유 없이 일방적으로 내 생각대로 의지대로 판단한다.

스위스의 발달 심리학자 장 피아제가 밝혀낸 '자기중심주의'다. 생각이든 감정이든 내가 주체가 되어 타인의 상황을 고려하지 않는 심리상태다.

자기의 주관적인 생각을 객관화시키는 이성적 판단의 숙성 과정을 무시해 버리는 오류를 범한다.

다른 심리적 용어로 말한다면 확증편향이라 할 수 있다. 보고 싶은 것만 보고 믿고 싶은 것만 믿는 심리상태다. 나의 관점이 확고부동한 신념이고 정의다.

상대를 이해하려면 "왜 그랬을까?", "무슨 이유가 있을 텐데?"라는 질문을 그의 입장에서 우리 자신에게 진지하게 던져봐야 한다. 관성적이고 습관화된 내 시각이 아닌 타인의 관점 속으로 헤집고 들어가 검증과 확인 절차를 밟아야 한다. 그래야 최소한 편협한 자기중심주의의 색깔을 조금이라도 엷게 만드는 긍정적 효과를 기대할 수 있고 불필요한 타인에 대한 오해와 갈등을 피할 수 있다.

미국 자동차 회사 '포드'를 설립한 헨리 포드는 "훌륭한 인간관계 성공의 유일한 비결은 다른 사람의 생각을 이해하고, 그의 입장에서 사물을 바라볼 줄 아는 능력이다."라고 했다. 성공하고 싶다면 포드가 말한 유일한 비결을 곱씹어 볼 만하다.

세상에서 제일 억울한 분

부제 : 개처럼 살아보자

    오늘 아침 산책길에 인간과 동물의 아름다운 동행의 한 장면으로 평소 무심코 지나 쳤던 모습들이 어떠한 의미를 갖는지 알게 된 감사한 하루였다. 어쩌면 사람과 동물사이에도 얼마든지 깐부가 될 수 있다는 것을 알았다.

    나의 산책로는 아파트 맨 끝동 뒷길 약 500여 m다. 몇 번 왕복해서 1시간 정도 걸으면 거의 칠천 보 이상 되어 하루 운동량 목표 만 보의 70%를 달성하는 코스다. 봄가을에 길가의 꽃이 예쁘게 피어 있어 눈 호강도 하는 아침 산책은 일석이조다.

    산책길에 마주치는 사람들은 나처럼 조깅하는 사람, 아기를 유모차에 태워 가는 사람, 반려견과 산책을 즐기는 사람 등 다양하다. 오늘은 눈에 익지 않은 장면을 목격했다.

길가 꽃밭에서 꽃냄새를 맡는지, 먹을 것을 찾는지 눈 코 입이 얼굴 중앙에 옹기종기 모인 앙증맞은 흰색의 강아지를 발견했다. 목에는 줄을 매는 고리가 달려 있었지만, 줄은 연결되어 있지 않았다. 어린아이들이 많이 다니는 길이라 혹시 개가 아이에게 달려들어 물면 위험해 아파트 산책로에서는 반드시 줄을 매고 개를 데리고 다녀야 하는 게 개 주인의 가장 중요한 의무다.

걸음을 멈추고 아장아장 움직이는 아기 같은 개를 보고 있는데 반대편 벤치에 앉아 있던 노인분이 "자, 가자." 하며 그 강아지를 불렀다. 천천히 움직이던 그 개는 재빨리 그 노인분에게 달려갔고 그 노인분은 줄을 개 목에 연결하고 천천히 일어나서 개를 앞세워 가는데 개가 노인분의 느린 발걸음에 보조를 맞추는 듯 뒤를 힐끔힐끔 돌아보며 속도를 조절했다. 마치 손수와 할아버지가 사이좋게 걷는 것처럼 내 눈에 작시현상을 일으켰다. 시야에서 둘의 모습이 사라질 때까지 내 발도 움직일 생각을 하지 않고 나와 끝까지 지켜봤다. 멀리서 보면 개가 작긴 하지만 시각장애인을 인도하는 안내견처럼 보였다,

한때는 반려견을 애완동물이라고 지칭했던 적이 있었다. 가족과 같은 의미가 아닌 노리개 정도의 가벼움이 연상되는 표현이었다. 그러다 지금 반려견이라는 단어를 사용해 가족처럼 인간과 동물의 '함께'라는 의미를 부여하고 있다.

개는 예로부터 매우 충성스러운 동물로 알려져 있고 위급 상황에서 주인의 생명을 구해준 일화가 수없이 많다. 그와 반대로 부정적인 말로도 많이 쓰인다.

개라는 접두어를 사용해서 욕, 어떤 상황의 비하, 헛수고, 상대방 공격, 천박, 불필요함 등 헐뜯거나 안 좋은 뜻으로 쓰는 경우가 허다하다. 좋은 뜻으로 '개'란 단어를 차용하는 것은 거의 듣지 못했다. 사람이라면 인격 살인에 가까운 언어폭력이다.

왜 그런 비유에 개가 단골 출연자가 되었을까? 정말 이해되지 않는 왜곡된 현상이다.

우리 사회에서 개와 같은 반려동물의 영향은 대단하다. 반려견과 같은 동물을 키우는 인구가 천만 명이 넘는다고 한다. 기독교 신자 수와 같아 4명 중에 1명은 반려동물과 한집에서 몸을 비비고 산다는 의미다.

지난 대통령선거에서 어떤 후보는 반려견에 대한 공약을 했을 만큼 이제는 무시 못 할 반려견의 왕국이 되었다. 상상이지만 먼 훗날 개가 대통령을 뽑게 될지 개만 아는 일이다.

나는 반려견을 키우지 않지만, 주위에 반려견을 키우는 지인이 많아 반려견에 관련된 가슴 따뜻한 이야기를 많이 듣는다.

야근을 밥 먹듯 하는 지인은 밤늦게 귀가하면 현관 앞에서 두 마리의 반려견이 기쁨에 넘쳐 두발을 들고 달려들어 반겨

주는 그 순간의 행복감으로 하루의 피로가 말끔히 사라진다고 한다. 특히 지인이 귀가하지 않으면 대변을 보지 않아 아무리 과음하고 귀가해도 밖으로 데리고 나가 산책시키며 대변을 보게 한다고 한다. 안방에서는 남편의 귀가에 아랑곳하지 않고 맛있게 자는 아내를 보며 여러 생각이 교차한다고 했다.

다른 지인은 이혼하고 우울증에 시달릴 때 반려견을 키워보라는 친구의 권유에 반려견을 키우기 시작해 우울증세가 사라졌다고 한다. 대접받기만을 원하며 제 역할을 못 하는 남편 아내보다는 반려견이 훨씬 나은 모양이다. 슬픈 일이다.

내가 아는 개의 일반적 특성은 충직하고 주인이 대해주는 만큼 우리 인간을 대접해주는 동물이다. 모든 동물이 그렇듯 개는 절대 사람을 배반하거나 속이지 않는다. 받는 만큼 덜 주거나 전혀 주지 않는 손익계산이 빠른 인간과 달리 주는 계산밖에 하지 못하는 개 님이시다.

매년 늘어나는 유기견을 보며 달면 삼키고 쓰면 뱉는 인간의 속성이 얼마나 잔인하고 비열한지를 느낀다.

제발 욕할 때나 타인을 비난할 때 개를 접두어로 쓰지 말자. 개가 인간의 언어를 들을 수 있다면 얼마나 배신감과 분노를 가질까? 그래서 조물주는 개의 의사표시를 단지 말이 아닌 짖는 것으로 만들어 인간의 체면을 조금이나마 살려주는 안전장치를 해 놓았는지 모르겠다.

이제는 인생의 반려자인 아내 남편과 반려견이 동등한 위치가 된 세상이다. 부부가 이혼할 때는 협의하고 소송도 하며 재판까지 하는데 왜 반려견을 쉽게 길거리에 버리는지? 사람이 반려견으로 다시 태어난다면 버림의 고통을 알게 되겠지만 현실 속에서는 실현 불가능한 동화 같은 이야기라 그저 안타까울 따름이다.

사람이 개 같이만 산다면 지금보다 **훨씬** 따뜻하고 올바른 세상이 될 것 같은데, 말로 의사표시를 하는 인간으로서 민망하고 부끄럽다.

아름다운 유언장이 되려면.

죽음은 인간이 태어날 때부터 예약된 인생의 가장 큰 행사다. 단지 날짜와 장소가 빈칸으로 남아있을 뿐이다. 축하 성격의 행사를 기다리는 마음이라면 좋겠지만 세상과 이별하는 마지막 날을 고대하는 사람은 이 지구상에 단 한 명도 없을 것이다. 그래서인지 죽음과 관련된 것이라면 듣고 보기가 오싹하고 거북하다.

어릴 적 술래잡기할 때 벽장 문을 열고 들어가 숨으면 잘 개어 보관했던 삼베로 만든 큰 옷이 발밑에 깔렸다. 곱게 바느질 한 것이 아닌 투박하고 호주머니도 없는 보통 옷처럼 맵시가 나지 않은 괴상한 옷이었다.

할머니와 함께 잤던 나는 그 옷은 누가 언제 입는 거냐고 할머니에게 물어 본 적이 있었다. 할머니의 대답은 정확히 기억이 나진 않지만 웃으시며 크면 다 알게 된다고 하셨던 것 같다. 한참 후 할머니가 돌아가시고 그 옷이 할머니 몸에 입혀지는 것을 보며 소름이 끼쳤다. 그 옷 주인이 바로 할머니 자신이어서 대답을 못 하신 것이었다.

 지금 생각해 보면 어린 손자가 그 옷의 용도를 알게 되면 무서워 그 방에서 자지 못할 거라고 생각하신 모양이다.

3년에 한 번씩 돌아오는 음력 윤달이 있는 해에 수의를 미리 마련해 놓으면 무병장수한다는 속설이 있어 옛날에는 집집마다 한 벌씩은 필수품으로 준비해 놓았다.

아내에게도 나와 같은 경험이 있다고 했다. 다락방에 오동나무로 만든 관을 만들어 놓았다고 한다. 돌아가신 장인이 평생 천식으로 고생하셔서 관을 미리 준비해 놓으면 오래 사신다고 믿었기 때문이었다. 하여튼 그 관 때문인지는 몰라도 장인어른은 그 연세에 평균 이상의 수명은 사셨다.

죽기 전에는 전혀 입을 일이 없는 수의나 죽은 후에만 들어가 누울 수 있는 시신의 집인 관과 마찬가지로 죽은 후 누구인지를 알려주는 영정사진을 생전에 준비해 놓으면 역시 좋다고 한다. 살아서 준비해 놓고 죽어야만 사용할 수 있는 참 아이러니한 품목들이다.

나는 그런 것들을 준비할 나이는 아니지만 내 가족이 준비한다면 극구 말리며 오히려 스트레스를 받아 화를 낼 성싶다.

무병장수를 바라는 가족의 좋은 뜻은 이해하지만, 그것들을 보면 영혼이 떠난 육체만 남은 내 모습이 연상되어 참담한 기분이 들 것 같다. 그런 품목들이 삶에 대한 열정에 기름을 부어 더 열심히 살기 위한 촉진제라고 해도 말이다.

누구나가 마지막 숨을 거두는 순간에 소원이 무엇이냐고 물어보면 '더 살고 싶다'라고 대답한다고 한다. 인간이 끝까지 이승에서 내려놓지 못하는 욕망은 조금이라도 더 살고 싶은 생명의 연장일 것이다.

죽음과 관련된 것 중에서 본인이 살아서 직접 하는 것이 있다면 유언장이다. 남이 대신 써 줄 수 없는 오롯이 자신이 작성해야 하는 이승의 마지막 효력이 있는 서류다.

얼마 전에 유언장 쓰기 열풍이 불었다. 살아온 생을 뒤돌아보고 이승에서 모든 인간적인 관계를 정리하고 떠날 때 가족이나 지인에게 남기는 당부의 편지다. 나도 써보려고 했지만, 이상하게 한 줄 쓰기가 쉽지 않았다. 결국 포기하고 말았지만, 아직도 유아적인 성격 탓인지 다시 도전해보고 싶은 마음은 전혀 들지 않는다.

내가 기억하는 가슴속 울림이 있는 유언이 하나 있다. 바로 김수환 추기경이 세상과 작별하며 남긴 마지막 메시지다. "서로 사랑하십시오. 용서하십시오." 이 시대의 최고의 지성이고 양심으로 존경을 받았던 분만이 할 수 있는 군더더기 없는 순백의 유언이다.

보통 사람들도 김수환 추기경의 유언과 크게 다르지 않아 형제자매 간에 서로 화합하고 사랑하라는 유언을 남긴다. 하지만 경영권이나 재산분배에 심한 갈등이 일어날 가능성이 많은 재벌이나 거부들의 유언장은 법적인 효력이 주목적이기에 돈 냄새가 진동하는 유언장이 될 수밖에 없다. 이승을 떠나면서도 남게 될 후손들의 재산정리까지 해주는 친절을 베풀어야 하는 운명이다. 자손에게 마음으로 전하는 마지막 이승에서 부탁의 유언장이 아닌 재산분배 장부다. 누가 그랬다. 유언장에 돈이야기만 빠지면 우아하고 품격 있는 유언장이 된다고. 법이라는 것이 묘하게도 인간적인 면은 없지만 재산 문제 등 권리 다툼의 골치 아픈 문제는 누구도 이의를 달지 못하도록 정확하게 처리해 준다.

후손들의 갈등 소지를 없애 주거나 이승에서 못다 한 말을 남기는 아름다운 유언장도 분명 멋지지만, 그 멋진 만큼의 십분의 일이라도 유언장을 쓰기 전 삶에 체화해 실행했다면 어떠했을까? 어차피 죽고 나면 내 유언의 이행은 죽은 내가 아닌 살아 있는 자손의 몫이니 말이다.

나는 유언장다운 유언장을 언젠가 쓰게 될지 모르지만, 최소한 회계서류가 아닌 자손들에게 남겨 주는 가슴을 덥혀주는 따뜻한 마음의 유언장을 쓰고 싶다.

케익과 한우

부제 : 2022년 새해 첫날

    2022년 1월 1일 새해 첫날이다. 대한민국 사람 모두 의지에 상관없이 자동적으로 나이 한 살 더 먹어 늙어지는 날이고 떡국 한 그릇을 반드시 먹어야만 나이 한 살 더 먹는 인증이 되는 날이다. 우습게도 떡국이 나이 한 살 더 먹게 하는 절대 권위자의 상징이다.

    임인년인 올해는 검은 호랑이해라고 한다. 10개의 천간 중 임(壬)은 음양오행 중 검은색을 의미한다고 한다.

    한 해의 시작인 새해 첫날은 경건한 마음으로 맞이해야 하는 의무감이 충만한 날이어야 하는데, 전날 12월 31일은 가는 해의 아쉬움과 오는 해의 기대감으로 마음이 들떠 조용히 보내면 뭔가 좀 모자란 생각이 든다. 그래서 한 해 동안의 깔끔한 인생 회계 정산을 하는 날이라 요란하게 보내게 되어있다. 후유증으로 산뜻해야 할 새해 아침이 숙취와 피로로 비몽사몽 정신없이 시작된다. 매년 반복되는 1월 1일의 왜곡된 모습이다.

새해 첫날 가장 큰 임무는 지인들이 스마트폰으로 보내온 새해 인사 문자메시지에 일일이 답장하는 일이다.

메시지를 보내는 사람은 좋은 마음으로 새해 복 많이 받으라고 보내는데 받는 나는 답신 때문에 약간의 스트레스를 받는다. 받은 문자메시지에 빠짐없이 짧은 답장을 보내도 많은 시간이 걸리기 때문이다. 성의껏 내용을 각각 다르게 보내려면 하루 꼬박 걸릴 지경이라 할 수 없이 꾀를 써서 하나 잘 쓴 문장을 저장해 놓아 오는 인사 메시지마다 그 문장을 복사해 이름만 바꾸어 붙여넣기로 보낸다.

많은 사람에게 한꺼번에 일률적으로 보내는 그림이나 동영상은 별 감흥이 없는 문자공해나 다름없다. 나는 새해 인사를 반드시 해야 할 사람에게는 사진이나 그림이 아닌 간략하게 몇 문장 써서 보낸다. 훨씬 성의가 있어 보이고 받는 상대도 내 마음의 온도를 조금이나마 느낄 수 있기 때문이다.

오늘 아침도 어제 저녁 불타는 향연 탓으로 늦은 아침을 먹고 아내와 동네 커피숍에서 새해 첫 커피를 마시며 어제부터 오늘 아침까지 받은 새해 인사 메시지에 빠짐없이 답장하고 있었다. 아내는 지인들과 새해 인사 통화를 하다 가장 친한 친구의 전화를 받고 무슨 감동을 받았는지 "어머! 세상에!"를 연발하며 흥분한 목소리로 맞장구를 쳤다.

전화를 끊고 감동을 받았던 내용은, 아내 친구 아파트 위층에 사는 집의 남자아이 둘이 얼마나 뛰고 노는지 소음 때문에 인내심이 대단한 친구도 스트레스를 무척 받았다. 하지만 아내친구도 자기 집에 놀러 와 뛰노는 손주들을 생각해 동병상련의 마음으로 참고 있었다. 그런데 오늘 아침 누가 문을 노크해 열어 보니 위층 두 어린이가 머리에 사슴뿔의 불빛이 반짝이는 머리테를 하고 목에는 '죄송합니다'란 글귀가 새겨진 종이를 달고 서 있었다. 두 남자아이가 '사랑으로 참아 주셔서 감사합니다' 하고 쓰여진 케익을 건네주며 꾸벅 인사를 했다. 조금 떨어진 곳에서 발자국 소리가 들려 그 아이들 어머니가 아내 친구 집 현관까지 아이들을 안내해주고 재빨리 위층으로 올라간 것 같다고 했다.

그 친구는 일 년간의 층간소음 고통이 새해 첫날의 좋은 기운과 함께 눈 녹듯 일순간에 없어졌다고 한다. 아이들 어머니의 지혜로움에 감탄한 나머지 가만히 있을 수 없어 감사 표시로 한우를 사서 갖다주고 바로 아내에게 실시간 속보로 중계방송 한 것이다.

나도 층간소음 때문에 스트레스를 많이 받지만 쉽게 해결될 수 있는 간단한 문제가 아니다. 소음을 내는 대상이 통제가 안 되는 어린이일 경우는 더욱 말하기가 쉽지 않다. 참는 수밖에 달리 방법이 없지만, 인내의 임계치가 넘으면 피난처인 동네 커피숍으로 가서 커피를 마시며 시간을 보내다 마음을 추스르고 들어오는 것이 나의 최상의 해결책이다. 서로 얼굴 붉히지 않는 현명한 방법이고 혈압 급상승을 막는 가장 건강한 소음대처법이다.

어느 아파트 엘리베이터 안에 붙어 있던 문구 '우리 집 바닥이 어느 집에는 천장이 됩니다.' 곱씹어 볼 말이다.

새해 첫날 사슴뿔의 두 남자아이의 이야기는 오늘 받은 모든 새해 인사 중에서 가장 나의 숙취를 없애 준 최고의 피로회복제였다.

그 후로도 아이들이 한우 먹고 힘이 더욱 솟는지 소음의 강도와 횟수는 전혀 줄어들지 않았다고 한다. 하지만 아내 친구의 소음 인내의 강도는 반비례해 훨씬 더 세어졌다고 한다. 케익과 한우는 새해 최고의 조합인 듯싶다.

믿음이란

이야기 1

'죄수의 딜레마(Prisoner's Dilemma)'란 두 사람의 협력적인 선택이 둘 모두에게 최선의 선택임에도 자신의 이익만을 고려한 나머지 자신뿐만 아니라 상대방에게도 나쁜 결과를 가져오는 현상을 말한다. 이 딜레마는 1950년 미국 국방성 소속 RAND 연구소의 경제학자 메릴 플로드와 멜빈 드레셔의 연구에서 시작된 것으로 알려져 있다.

두 명의 범죄 조직원이 체포되어 왔고 이 범죄자들은 각각 독방에 수감되었다. 경찰은 이들에게서 자백받아 범죄를 입증할 계획을 세우고 각 범죄자를 대상으로 심문한다. 이때 경찰은 두 공범에게 동일한 제안한다. 다른 한 명의 공범에 대해 자백을 하면 자백한 그 사람은 석방하는 반면, 다른 공범은

징역 3년을 받게 되며 이는 상대편 공범이 자백을 했을 경우에도 똑같이 적용된다. 누구든 자백하면 자백을 한 그 사람은 석방되지만, 상대편 공범은 3년의 징역을 받는다. 그러나 두 공범이 모두 자백하면 각각 징역 2년을 받으며, 둘 다 자백하지 않고 묵비권을 행사하면 각각 징역 6개월을 받게 된다.

상대방을 믿지 못하고 자신의 이익을 먼저 생각하기 때문에 가장 현실적인 자백을 선택하게 된다. 역시 상대 공범도 같은 생각을 한다. 상대에게 확고한 믿음이 있었다면 최상의 결과인 묵비권을 행사했을 것이다.

이야기 2

세 명의 도둑이 부잣집에 몰래 숨어 들어가 많은 돈을 훔쳐 달아났다. 그들은 한참 도망한 후 산속 한적한 곳에 모여 자축할 겸 축배를 들기 위해 그중 한 사람에게 술을 사 오라고 보냈다. 술을 사러 가던 도둑이 훔친 돈을 독차지하고 싶은 욕심이 생겨 술에 독을 타서 가져갔다. 반면에 남아 있던 두 도둑 역시 술 사러 간 사람이 돌아오면 죽이고 훔친 돈을 둘이 공평하게 나누기로 모의했다. 술 사러 갔던 사람이 돌아오자마자 그 둘은 그 사람을 칼로 찔러 죽였고 두 사람은 죽은 사람이 사 온 독을 탄 술을 기쁨에 넘쳐 마시고 난 후

둘 다 그만 죽고 말았다. 그들은 돈을 나눠 갖기는커녕 죽음으로 보상받았다.

이야기 3

동네를 산책하다 노상에서 깔개 위에 양말 꾸러미를 놓고 파는 20대 중후반의 젊은이들을 보았다. 중소기업에서 만든 양말로 코로나 때문에 영업이 어려워져 길거리까지 나와 판매하는 모양이었다. 가격은 20켤레 오천 원, 말도 안 되는 가격이었다. 호기심에 아내와 신을 수 있는 양말이 있나 고르고 있는데 바로 옆에 있던 손님이 지금 현금이 없으니 회사 사무실에 들어가서 은행 계좌로 바로 송금해 주면 안 되냐고 했다. 너무 저렴해서인지 현금으로만 계산이 가능했기 때문이었다. 양말을 팔던 청년은 주저 없이 "예 그러세요."하며 은행 계좌를 알려주고 더 이상 그 손님에게 아무것도 묻지 않았다. 최소한 손님의 핸드폰 번호 정도는 물어봤을 법한데 말이다.

그들에게 오천 원은 결코 적지 않은 돈일 것이다. 그들이 아르바이트로 하는 것인지 아니면 양말 제조회사직원인지는 모르겠지만 그들이 처음 보는 사람을 의심 없이 믿는 모습에 흐뭇했다.

죄수의 딜레마의 죄수 두 사람, 돈을 훔친 도둑 세 사람, 양말을 팔던 젊은이들 그들은 신뢰가 바탕이 되는 동업자나 고객이 있었지만, 결과는 너무나 달랐다.

'의심은 없는 병도 지어내고 믿음은 있는 병도 없애 준다'라고 했고 작가 박완서는 "불신은 무식보다 더 큰 죄다."고 했지만 나는 사람의 몸을 해칠 수 있는 흉기보다 더 무서운 것이 바로 불신이라고 생각한다. 특히 불신의 씨앗이 가슴속에 뿌려지면 물을 주거나 비료를 주지 않아도 잡초처럼 스스로 잘 자라 믿음의 텃밭을 순식간에 덮어버린다. 그만큼 파괴적이다.

반면에 믿음은 사람을 살리는 생명수고 세상을 밝히는 아름다운 등불이며 선한 영향력이다.

믿음의 속성은 내가 먼저 상대를 믿어야 하고 그다음 상대방이 나를 믿게 만들어야 한다. 서로 상대를 이용하거나 악용하려는 이기적인 마음에는 믿음의 설 자리가 있을 수 없다.

상대방이 나를 믿어주면 내가 상대를 믿겠다는 조건을 붙이면 그것은 상호계약이고 거래이며 시장 좌판에서 하는 흥정이다.

확실한 것은 아직까지 불신보다 믿음의 크기가 더 큰 건강하고 정상적인 사회에서 우리가 살고 있어 사회가 엉망진창으로 돌아가지 않고 제대로 궤도를 따라 잘 굴러가고 있다는 사실이다.

소신이

현실에 양보하기

"학교 졸업장도 필요 없어요. 농땡이 부리지 않고 몸만 열심히 움직이면 한 달 벌이 이 삼백은 됩니다. 이런 직업이 또 어디 있습니까? 밑천 한 푼 없이 할 수 있는 일이 어디 세상에 흔합니까? 잘 살진 못하지만, 처자식 배곯지 않고 애들 학교 보내는 데는 전혀 지장 없습니다." 얼마 전 내가 탔던 택시의 70대 중반쯤 보이는 기사가 감정이 약간은 들어간 목소리로 나에게 했던 말이다. 말본새가 딱딱 떨어지듯 나이에 비해 외모도 깔끔했고 옷깃이 풀 잘 먹인 단정한 유니폼을 입은 선생님 분위기의 운전사였다.

상황을 모르는 체 음성으로만 이 말을 들었다면 웬만한 교수 이상 가는 삶의 무게와 철학이 느껴지는 직업 강의였다.

운전기사와 대화의 발단은 내가 꺼낸 아르바이트 이야기가 불을 지폈다. 인력공급업체를 운영하는 옛 직장동료와 소주 한잔하는데 아르바이트 구하기가 무척 어렵다고 하소연했다. 최저시급에 몇천원을 더 얹어 줘도 젊은이들이 아르바이트를 하지 않는다고 했다.

지옥과 같았던 코로나 여파로 많은 가게가 경영난에 못 이겨 문을 닫고 재무구조가 탄탄하지 못한 회사가 부도를 맞아 실업자가 차고 넘치는데 하루 벌이가 10만 원이나 되는 아르바이트 일하지 않는다니 도저히 이해할 수 없었다. 그 동료의 진단은 쉽게 돈을 벌려고 하지 어렵고 힘든 육체노동은 기피한다는 것이다.

가상화폐나 주식 부동산으로 떼돈을 번 사람들과 비교해 상대적 박탈감이 그들의 의지를 꺾는데 한몫했을 것이고 아르바이트를 하기에 모양 빠지는 체면도 고려했을 것이다.

'인생 한방인데 꾀죄죄하게 몇만 원에 목숨 걸고 내가 아르바이트하며 살 수는 없지'하는 생각이 대다수 그들 머리의 점령군으로 자리 잡고 있는 듯 보인다. 뜬구름 잡는 사람들의 구세주인 그 한 방은 있긴 있는지, 로또 복권 당첨과 감옥 가는 고속도로인 사기행각 외엔 내가 들은 적도 본적도 없다.

아르바이트생을 구하는 친구의 어려움을 운전기사에게 말하는 중에 운전기사가 혀를 차며 나에게 자기 직업에 대한 장점을 간단하고 쉽게 요약해 준 것이다.

나에게 인생 강의를 이어가며 최소한 몇천만원이 있어야 그 흔한 김밥집이나 치킨집을 할 수 있지만 택시 기사는 가진 것 없어도 성실성 하나만 있으면 OK라고 했다.

내가 택시 탈 때마다 기사들의 수입에 대해 늘 들었던 것과 그 택시 안 교수님의 이야기는 차이가 있었다. 어떤 기사는 이것저것 다 떼고 백만 원 조금 넘는다고 하고 어떤 기사는 열심히 하면 최소한 이 기사처럼 이삼백만 원 수입은 된다고 했다.

'열심히'라는 단어의 정확한 한계가 눈금 재듯 어디까지인지 정의할 순 없지만 내가 듣기에는 보통 사람들이 생각하는 일반적 개념의 성실성이 아닌가 싶다. 누구의 말이 옳은지 검증할 방법은 없지만 70대 노 운전기사의 말이 조금은 더 무게가 실려 가슴에 와닿았다.

내 주위에 번듯한 대학을 나왔어도 자발적 실업자들이 많다. 그늘이 항상 말하는 백수의 주요 이유는, '내가 그래도 ○○대학 나왔는데' '내가 한 때는 공무원 시험을 준비하던 사람인데' '내가 쥐꼬리만 한 월급 받고 미래가 보장되지 않는 중소기업을 어떻게 다녀'등 말 중에는 항상 '그래도'와 '한 때는' 또는'어떻게' 였다. 그 단어들이 마약보다 중독성이 얼마나 강한지 입과 가슴에서 떨어지지 않는 그림자처럼 보인다.

대학 졸업하고 정년퇴직까지 보장되는 좋은 직장에 입사하기 위해 수년간 취업 시험에 도전하다 실패하는 젊은이들을 보며 방향 전환 못하고 미련의 질긴 끈에 묶여 있는 것이 안쓰럽다. 운전할 때 도로가 막히면 U턴도 하고, 후진도 하며, 우회전도 좌회전도 하는데 오직 직진하는 그들이다. 방향만 바꾸면 훨씬 좋은 길이 기다리고 있을 수 있는데.

'소신이 현실에 양보해야 삶이 훨씬 평온하다'라는 말을 실천하기가 결코 쉽지 않은 모양이다.

"고등학교 졸업하고 부모에게 용돈 타 쓰는 자식은 자식이 아니라 원수다."하고 몇 년째 공무원 시험에 도전하는 아들을 둔 친구의 원망 섞인 말이 푸념으로만 들리지 않는다.

다른 사람의 시선에 매몰되지 않고 무감각하게 사는 것이 어쩌면 가장 보편적인 행복한 삶의 지름길이 아닐까 싶다.

더욱이 체면이나 쓸데없는 자존심이 머리를 들어 우리 앞길을 방해하지 않도록 경계하며 그것들이 우리 지갑을 결코 무겁게 해주지 않는다는 평범한 진리를 깨닫기만 하면 살기가 조금은 편할 듯싶다

그 평범한 삶의 방식을 일찍 깨달으면 긍정의 깨달음이 되지만 한참 후에 깨달으면 후회가 되고 더 지나 알게 되면 회한이 된다. 최소한 회한 전에는 뒷걸음치더라도 방향을 전환해야 하지 않을까? 고통이 따르겠지만 열매는 의외로 달콤할 수 있다.

아

옛날이여

코로나바이러스 팬데믹으로 촉발된 생활방식의 급격한 변화로 많은 것들이 달라졌거나 없어졌다. 감염 탓으로 서로 접촉을 최대한 피하는 비대면 사회로 가는 속도가 무척 빠르게 진행되고 있다.

은행 업무, 물건 사는 것, 점포에서 키오스크로 결제하는 것, 음식 배달시켜 먹는 것 등, 현금 사용은 거의 없어지고 스마트 폰에 설치되어 있는 해당 앱과 거래 은행 계좌로 주문과 결제가 이루어져 스마트폰 앱 사용에 능숙하지 않은 사람은 뭐 하나 사거나 먹기가 힘든 사회가 되고 있다.

이 비대면에 사용하는 기술과 서비스에 적응하지 못하는 사람들이 겪을 불편과 소외를 언컨택트 디바이드 (Uncontact Divide)라고 하는데 비대면으로 전환된 서비스들은 모두 IT 기술과 연관되어 있다. 때문에 많은 소외계층들 중 특히 노령층 사람들이 적응에 많은 어려움을 겪고 있다. 은행 일도 미리 앱으로 신청해 놓고 시간에 맞추어 가면 기다리지 않고 쉽게 업무를 볼 수 있지만 앱 사용을 못 하면 은행에 가서 많은 시간을 순서가 될 때까지 허비하며 기다려야 한다. 물론 젊은 사람들은 모든 은행 업무를 손 안의 스마트 폰으로 해결해 은행에 직접 찾아갈 일도 없다. 노령층과 같은 디지털시스템에 익숙하지 못한 사람들은 살기가 더욱 피곤해지고 복잡해지는 세상이다.

내가 가장 자신 있게 행동하는 대형서점에서 오늘 의문의 1패를 당했고 자존심에 용납할 수 없는 상처를 입었다.

사려는 책을 미리 인터넷 서점 사이트에서 확인하고 직접 가서 '바로드림'에 접속해 카드나 현금이 아닌 휴대폰 앱을 이용해 결제하고 책을 할인해서 사는 방법이다. 착각인지 은행계좌가 앱에 설치되어 있지 않고 휴대폰 결제도 뭐가 잘못됐는지 작동이 안 돼 책은 골라 놓고 (아내가 고른 책 두 권 포함) 서점 계산대에서 진땀만 빼다 사지 못했다. 계산대 앞에서 헤매는 중년 남자를 곁눈질하며 바라보는 서점직원은 나를 더욱 초라하게 만들었고 평소에 자신만만했던 나의 자신감은 쥐구멍으로 자취를 감추었다.

나 자신의 미숙한 IT 능력에 참을 수 없는 분노를 느꼈고 서점직원에게 그저 그런 나이 든 중년의 아저씨로 비쳤다는 자격지심에 도저히 물러날 수가 없었다. 서점 옆 커피숍에서 진정제로 커피를 한 잔 마시며 여러 방법을 구하다 한참 만에 휴대폰 결제 시스템을 복원해 겨우 살 수 있었다.

책을 사긴 샀지만 섬뜩한 생각이 들었다. 이제는 물건을 현금 내고 사는 사회는 저만치 손 흔들며 작별을 통보하며 뒤도 돌아보지 않고 떠나가고 있다. 스웨덴은 현재 현금 없는 사회가 거의 정착되는 단계라고 한다. 선진국 대부분은 시간의 차이일 뿐 현금 없는 사회로 갈 수밖에 없는 상황이다. 젊은이들은 신용카드는 물론 지갑도 가지고 다니지 않는다, 핸드폰에 신분증, 카드 등, 모든 필요한 정보가 다 저장되어 있기 때문이다.

이제는 자장면을 한 그릇 시켜 먹으려고 해도 앱을 통해 배달업체와 연결되어 주문해야 한다. 앱에 도착 예상 시간까지 나와 있어 전처럼 짜장면집에 전화해 왜 주문한 자장면이 아직 안 오느냐고 열불 낼 일도 없어졌다. 택시 타는 것도 미리 앱으로 예약한다.

스마트 폰 앱 사용을 배우지 않거나 익숙지 않으면 집에서 라면이나 밥에 김치만 먹어야 한다. 아니면 귀찮아도 밖으로 나가 식당을 찾아가서 먹든지.

점점 사람 사이의 접촉은 줄어 비대면 사회로 가는 것이 현대사회의 특징이다. 현대인들은 자기만의 영역에 가치를 부여하고 홀로 주관적인 삶을 즐기는 경향이 있다. 최소한도로 가치관이 같은 사람끼리 만 어울리게 되어 있고 그것도 직접 대면하기보다는 비대면 접촉으로 얼마든지 소통이 가능한 온라인 세상에서 이루어지고 있다.

항상 방에서 컴퓨터만 하는 아들에게 아버지가 "왜 너는 친구도 없어? 친구 만나는 걸 못 봤어." 말을 하니 아들 하는 말이 "아빠. 나 친구 200명도 넘어. 언제라도 온라인상에서 서로 만나 게임하고 대화하며 즐거워. 아빠는 늘 만나 술 마시는 친구 네 명밖에 없잖아." 했다고 한다. 얼굴 보고 만나야 친구라고 생각하는 중년의 친구개념과 지금 시대 젊은이들의 친구개념은 완전히 다르다.

"아! 옛날이여~ 그때가 그리워!"하고 과거만 그리워할 게 아니라 밥 한 끼라도 제대로 먹으려면 디지털시스템에 적응해야 한다. "나 그냥 냅둬 유! 이렇게 살다 죽을래유." 하기엔 속 편히 죽을 수도 없다. 어쨌든 죽을 때까지는 잘 먹고 살아야 하니까.

남들이 나를 놔두도록 최소한 생존에 필요한 앱 적응 능력은 있어야 한다. 방구석에서 안 나오고 살더라도 가장 기본적인 일상생활은 하며 스트레스받지 않는 인간다운 삶을 영위하려면 어쩔 수 없는 노릇이다.

지인이 택시 타려면, 음식 배달시키려면, 직장에서 일하는 아들딸 하다못해 며느리에게까지 전화해 부탁하는 모습을 보며 점점 사는 게 슬퍼진다. 특히 나이 든 사람에게는.

분명한 것은 스마트 폰에 있는 앱 사용을 못 하는 것이 아니라 해보지 않아서 못 하는 것이다. 누구라도 한 번만 배워서 해보면 다음부터는 식은 죽 먹기보다 더 쉽다. 영어도 알 필요 없다. 한글만 읽을 수 있으면 학력 나이 상관없이 할 수 있게 만들어진 시스템이기 때문이다.

배가

불러요

음식을 만드는 사람에게 가장 큰 행복과 보상은 먹는 사람이 음식을 맛있게 먹고 그릇을 깨끗하게 비워주는 것이다.

가정에서는 주로 아내가 음식을 준비하고 남편과 자녀가 먹는다. 음식이 맛이 있니 없니 짜니 다니 하는 철없는 남편의 한마디에 한동안 집안 분위기 엄동설한에 찬 바람 불 듯 냉랭해 부부가 잠자리까지 따로 하는 경우가 있다.

정성껏 준비한 아내의 마음을 헤아려 맛이 없어도 맛있는 척 먹어주는 게 남편들이 갖추어야 할 '사랑받는 남편'의 처세술 중 최고의 돈 안 드는 전략이다. 아내 생일이나 결혼기념일에 보석이나 명품가방을 선물하는 것보다 유효기간이 오래 지속된다. 물론 미각이 약간의 인내가 필요하지만 말이다. 음식 때문에 하는 부부싸움은 시간이 지나면 화해가 가능하지만 매출과 영업이익을 책임져야 하는 식당 주방장에게는 생사가 걸린 문제가 될 수 있다.

아내에게는 매달 정기적인 모임이 있다. 일 차는 호텔 카페에서 커피에 샌드위치를 먹고 이 차는 생맥줏집에서 가볍게 맥주 한잔하며 수다를 떠는 아줌마들의 모임이다.

어제가 그 날이었고 평소와 같이 카페에서 식사하고 맥줏집에 들어가 골뱅이무침을 시켰다고 한다. 골뱅이무침에는 반드시 함께 나오는 게 있다. 대한민국 사람들이 사랑하는 국수사리다. 그 맥줏집은 국수사리를 다른 집보다 많이 주었던 모양이다. 일 차에 많이 먹어 골뱅이 안주는 1/3도 먹지 못해 많이 남겼다고 한다. 계산하러 카운터로 왔는데 주인인 듯한 젊은 여성이 "왜 그렇게 많이 남기셨어요? 맛이 없었나 보죠?" 하며 근심 가득한 얼굴로 아내에게 물었다고 한다.

아내가 일 차에 식사하고 와서 골뱅이 맛은 좋았지만, 배가 불러 많이 못 먹었다고 설명하고 나서야 식당 주인은 환하게 미소지으며 아내가 건네는 신용카드를 받고 계산을 마쳤다고 한다. 아내의 말로는 영업을 시작한지 한 달도 되지 않은 생맥줏집이었고 실내장식도 새것이었으며 주인의 태도 역시 장사를 오래 한 사람 같지 않았다고 했다.

맛이 없어 음식을 많이 남겼다면 가게 주인은 식당 문을 닫아야 하는 상황으로까지 확대해석했을 것은 뻔한 일이다.

일본인이 존경하고 경영의 신이라 불리는 마쓰시타 전기의 창업자 마쓰시타 고노스케 회장에 관한 유명한 일화가 있다.

마쓰시타 회장이 스테이크가 맛있기로 소문난 고급 식당으로 지인들을 초대해 함께 스테이크를 먹었다. 식사가 끝날 무렵 비서에게 주방장을 자기에게 오도록 부탁했다. 회장이 스테이크를 반밖에 먹지 않은 것을 보며 걱정이 된 비서는 주방장에게 그 사실을 미리 귀띔해주었다.

잔뜩 주눅 들어 회장에게 불려 나온 주방장이 "혹시, 회장님! 스테이크에 문제가 있었습니까?" 마쓰시타 회장에게 물었고 회장은, "아니요. 당신은 정말 훌륭한 요리사요. 오늘 스테이크는 맛이 아주 좋았소. 다만 내 나이가 이미 여든이라 입맛이 예전 같지가 않다오. 그래서 오늘은 반 밖에 먹지 못했소. 내가 당신을 보자고 한 것은 걱정이 되었기 때문이요. 반밖에 먹지 않은 스테이크가 주방으로 들어가면 당신의 마음이 편치 않을 것 같아서 말이요. 내가 스테이크를 남긴 것이 당신의 요리 솜씨가 나빠서가 아니라는 것을 말해 주고 싶었다오."

일본 최고의 대기업 회장이라는 사람이 본인이 먹다 남긴 음식에 대해 구태여 주방장에게 설명할 필요까지는 없지만, 주방장이 느낄 실망과 걱정을 생각해 배려한 것이다. 사실 회장 누구나가 할 수 있는 쉽지 않은 행동이다. 우리나라라면 삼성 이재용 회장이 그렇게 한 것과 다름없는 일이다.

  나는 식당에 들어가 맛이 없으면 대충 먹고 나오지만, 맛은 있는데 속이 불편하거나 배가 불러 다 먹지 못하고 남기게 되면 계산할 때 이유를 말해준다. 그러면 대부분 식당 주인들은 무척 고마워한다. 마쓰시타 회장의 글을 읽은 후부터 생긴 습관이다.

  음식 맛이 형편없는데 맛있다고 거짓말은 할 순 없지만 그렇지 않다면 마쓰시타 회장처럼 오해가 생기지 않도록 하는 마음 따뜻한 나의 작은 배려가 음식을 만든 사람에게는 큰 위안이 된다는 사실이다.

내가 슬퍼질 때!

1. 아버지 장례식이 끝나고 부의금 분배 문제로 자녀들이 싸우는 모습을 볼 때
2. 치매를 앓는 남편을 요양병원에 보내는 늙은 아내를 볼 때
3. 학원을 여러 곳 다니고 밤늦게 귀가하며 편의점에서 컵라면을 코 박고 먹는 어린 여학생을 볼 때
4. 한 겨울, 내 몸과 마음을 따뜻하게 덥혀주었던 시래기가 듬뿍 들어간 감자탕을 팔던 식당이 폐업했을 때
5. 얼마 전까지 영업했던 식당 유리창에 '임대문의' 부동산 전화번호가 선명하게 보일 때
6. 내가 응원하는 프로야구팀 감독이 성적 부진으로 갑자기 경질됐을 때
7. 함께 근무했던 퇴직한 직원의 별세 소식을 들을 때
8. 비가 억수로 오는 날 우산도 안 쓰고 택배 상자를 정신없이 나르는 택배회사 직원을 볼 때
9. 나와 동갑인 아내 친구 남편이 갑자기 쓰러져 중환자실에 입원했다는 소식을 들었을 때

10. 아파트 내 공원 벤치에서 허름한 복장의 중년 남자가 대낮부터 안주도 없이 소주를 마실 때
11. 일요일 오후 등산복을 입은 중년의 남녀들이 술에 취해 동네 앞 길가에서 큰 소리로 떠들 때
12. 한여름 젊은 엄마가 한 아기는 가슴에 안고 한 아기는 손을 잡은 체 힘겹게 버스에 오를 때
13. 식당에서 직원 태도로 시비를 걸며 식대를 깎아달라고 우기는 진상 고객을 볼 때
14. 30세가 넘은 지인 자녀가 방구석에서 나오지 않고 은둔자 생활을 한다는 이야기를 들을 때
15. 주식과 코인 투자 실패로 신용불량자가 된 아들 친구를 볼 때.

걱정과 잘 사는 법

우리는 모두 크든 작든 걱정을 연인 껴안듯 하며 평생을 살아간다. 어른이나 아이나 잘난 사람이나 못난 사람이나 저마다 해야 할 걱정과 쓸데없는 걱정을 구분 못하고 걱정의 노예로 산다. 걱정을 전혀 안 하는 사람은 오직 죽은 사람뿐이라 숨 쉬는 동안 걱정은 절대 없어지지 않는다. 하나의 걱정이 해결되면 또 다른 걱정이 그 자리를 이어받는다. 그래서 '걱정 총량 보존의 법칙'이 항상 유지된다. 다만 마음먹기에 따라 크기와 강도를 줄일 수는 있다.

걱정이 미래 성장을 위한 긍정적 측면이라면 환영받는 손님이지만 오히려 활력을 저지하고 의욕을 잃게 만드는 불청객의 모습으로 내 마음속 깊이 집요하게 들러붙어 있어 골칫거리다.

중국의 장자는 지락(至樂) 편에서 "태어나면서부터 인간에게는 근심과 걱정이 따라다닌다."라고 했듯 걱정은 태어날 때부터 인간에게 그림자와 같은 존재다. 작가 겸 심리학자인 젤린스키는 '모르고 사는 즐거움'에서 걱정에 대해 다음과 같이 분석했다

> 걱정의 40%는 전혀 현실화되지 않고,
> 30%는 이미 일어난 일에 대한 것,
> 22%는 사소한 고민,
> 4%는 우리의 힘으로 어쩔 수 없는 일,
> 4%는 우리가 바꿔 놓을 수 있는 일.

그의 분석대로라면 우리는 우리가 바꿔 놓을 수 있는 4%만 걱정하면 된다. 22% 사소한 고민은 마음의 여유가 있으면 하고 없으면 담백하게 무시하거나 외면하면 된다. 하지만 통제가 쉽지 않은 요물이 변화무쌍한 사람 마음이라 작정한 대로 되지 않고 불필요한 96%의 걱정에 매몰돼 한시도 마음이 편한 날이 없다. 걱정을 달고 사는 사람에게 "걱정을 사서 한다."라고 하는 이유다.

실제로 일어날 가능성이 없는 일에 대해, 마치 알라딘 요술 램프의 요정 지니를 불러내듯 수시로 꺼내 보면서 걱정하는 현상을 '램프 증후군'이라고 하는데 불필요한 걱정을 하는

사람을 지칭하는 말로, 과잉 근심이라고도 한다. 우리 주위에 이런 증후군을 가진 사람이 많다.

사실 걱정 근심의 끝판왕은 중국 고대 기나라에서 시도 때도 없이 걱정했던 사람에서 유래 된 고사성어 기우다. 오죽하면 하늘이 무너질까 봐 밖에 나가지 못할 정도로 걱정 속에 살았다고 한다.

우리 주위에도 땅이 꺼질까 봐 지하로 못 다니거나 무너져 덮칠까 높은 건물 옆을 지나지 못하는 사람이 있다. 2,500여 년이 지났어도 하늘은 높고 푸르름을 자랑하며 우리 머리 위에 건재하고, 지하철도 수십 년 동안 땅의 꺼짐 없이 잘 운행되고 있다.

자기 계발 분야의 선구자로 손꼽히는 미국의 데일 카네기는 '자기관리론'이란 저서에서 걱정에 대처하는 방법을 세 단계로 설명하고 있다.

1단계 : 이 문제를 해결하지 못했을 때 일어날 수 있는 최악의 상황이 무엇인지 자문해보라.

2단계 : 어쩔 수 없다면 최악의 상황을 받아들일 마음의 준비를 하라.

3단계 : 침착한 자세로 이미 받아들이겠다고 마음먹은 최악의 상황을 개선하기 위해 노력하라.

위의 세 단계는 실생활에서 우리가 다른 말로 표현할 따름이지 실행에 옮기며 걱정에 각자 나름의 방식대로 대처하고 있다. 단지 카네기란 세계적인 전문가가 고급지게 표현했을 뿐이다.

1단계는 우리가 걱정하다 보면 "정말 잘못되면 최악의 경우 죽는 상황까지 올까?" 하는 말과 같다.
2단계는 "그래봐야 죽기밖에 더 하겠어!" 하는 말이고,
3단계는 "어차피 한번은 죽을 인생 한번 해보고나 죽자!"

보통 정상적인 사고를 가진 사람이라면 이런 과정을 통해 걱정을 해소하거나 완화하려고 노력한다. 우리가 최악이라고 상정했던 상황은 경험상 그렇게 쉽게 발생하지 않는다. 젤린스키의 말 대로 우리가 바꿔 놓을 수 있는 4%의 걱정을 없애지 못했을 때만 현실로 모습을 드러낼 뿐이다.

걱정은 관계 사고와 부정적 사고방식에서 싹이 튼다. 회사에서 부장과 이사가 사무실 문을 닫고 심각한 얼굴로 이야기하는 것을 창문 넘어 어렴풋이 보게 되면 꼭 자기의 나쁜 이야기를 한다고 생각하는 직원이 많다. '나를 해고하려고 하나? 아니면 이번 고과를 제일 나쁘게 주려고 하나?' 부장, 이사, 주인공의 단편소설 한 편이 그 짧은 순간에 완성된다. 거의 편집증 수준이다. 사실 그 두 사람은 어제 대박 친 주식이

나 프로야구 이야기를 하고 있었을 뿐인데 말이다. 주위의 모든 상황을 자기와 연관시켜 걱정을 양산하는 사람이다.

초등학생 자녀를 둔 부모들이 자녀가 성적이 떨어지면 대학을 가지 못하고 직장도 구하지 못해 인생의 낙오자가 되는 것처럼 확대해석한다. 현재 초등학생이고 시험 한 번 망쳤을 뿐인데 최악의 부정적 상황으로 현실을 몰고 간다. 마라톤 선수가 처음 1Km를 꼴찌로 뛰는 것을 보며 마지막도 꼴지라고 단정하는 것과 다름없다.

생각보다 훨씬 많은 학부모가 실체가 없고 현실화되지 않을 자녀에 대한 걱정과 두려움에 자신들의 건강한 정신과 육체를 혹사하고 자녀를 닦달하며 불면의 밤을 보낸다.

조금만 비껴 생각하면 아무 일도 아닌 늘 생활 속에서 일어나는 관성화 된 것들이다. 상사 두 사람이 대화하면 '무슨 재미난 이야기를 할까?'정도로 지나치면 되고, 자녀의 성적이 떨어지면 '그나마 다행이네. 시간이 아직도 많이 남았으니까!'라고 생각하면 그만이다.

'걱정하지 말라, 두려워하지 말라, 염려하지 말라'는 말은 성경에 366번 나온다고 한다. 기독교인이 아니어도 이 구절을 마음에 새기고 걱정처럼(?) 달고 살면 어떨까? 불필요한 걱정에 대해 과감한 손절매 만이 우리의 몸과 마음을 온전히 지키는 가장 확실한 방법이다.

장미의 가시만 보지 말고 아름다운 꽃을 보는 낙관주의자의 마음이라면 걱정은 별것이 아닌 어차피 언젠가는 해결될 걱정이 될 수밖에 없을 테니까. 사고의 전환만 한다면 걱정에 자유로운 삶은 그렇게 멀리 있지 않나 싶다.

이상한

운수 좋은 날

오늘 꿈자리가 드물게 좋았다. 가끔 악몽을 꾸지만, 오늘 꿈만큼은 깔끔했고 여운이 가시지 않는 행복한 꿈이었다. 악당들에게 쫓기다 의인을 만나 함께 그들을 물리치고 경찰을 불러 인계하는 현실과 동떨어진 마초가 된 꿈이었다. 평소 꿈을 꾸면 악당에게 실컷 두들겨 맞거나 늪에 빠져 헤어 나오지 못하고 허우적대다 깨는 것과 정반대의 통쾌 상쾌한 꿈이었다. 책장에 다소곳이 꼽혀 있는 해몽책에는 길몽이라고 적혀 있었다.

해몽이 맞는지 확인하기 위해 로또 복권을 사고 싶었지만, 동네에 있는 복권판매점의 문턱을 넘는 일이 쉽지 않았다. 복권 사는 것이 어쩐지 허황된 꿈을 꾸는 것처럼 보이기 때문이다.

일 년에 한두 번 복권을 살 때마다 복권판매점에는 젊은이들이 두 서넛은 항상 줄 서서 기다리고 있었다. 기다리면서까지 사는 것은 조금 창피하기도 해서 사고 싶어도 참고 판매점을 그냥 지나치곤 했다.

오늘도 12시쯤 창문을 통해 복권판매점 안을 보니 두 명이 복권을 사고 한 사람은 생사가 걸린 것 진지한 모습으로 복권에 숫자를 표시하고 있었다. 예약된 횡재를 포기해야만 하는 쓰라린 심정을 안고 단골로 가는 초밥집으로 점심을 먹으러 들어갔다.

좌석에 앉자 아르바이트생으로 보이는 머리를 노랗게 물들인 남자 직원이 주문을 받았다. 우리 부부는 메뉴가 항상 정해져 있다. 그 초밥집의 시그니처 음식인 냉 메밀과 카츠오 우동, 계란 초밥 네 개와 장어 초밥 세 개, 우리 부부 한 끼 식사 정량이다.

따뜻한 물을 마시며 로또 복권을 사지 못한 서운한 마음을 달래고 있는데 주문한 음식이 나왔다. 직원은 음식을 세팅하고 마지막으로 사이다 한 캔을 테이블에 내려놓으며 "감사합니다. 너무 친절히 주문해 주셔서 서비스로 사이다를 드립니다. 맛있게 드십시오." 하는 것이었다.

아니 세상에 주문을 친절하게 했다고 서비스로 사이다를 주다니 나는 식당과 술집 출입 경력 40년 이상의 백전노장이지만 처음 받아 보는 정말 이상한 정체불명의 서비스였다. 운동경기에서 감독과 선수의 역할을 서로 바꾼 것과 다름없었다. 가끔 이용하는 식당의 직원들에게 팁을 줬을 때만 들을 수 있는 감사의 말과 서비스와는 차원이 달랐다.

아내와 나는 눈을 마주치며 이 이상한 상황을 어떻게 헤쳐 나가야 할지 눈빛으로 교신했지만 황당한(?) 이 의문의 1승이 첫 경험이라 천천히 해결책을 찾기로 했다.

식사를 마치고 나니 우동 국물과 메밀 육수로 배는 이미 포화 상태가 되어 사이다를 마시는 것은 사이다 맛이 아닌 고통이었다.

컵에 따라 놓고 마시지 않으면 그 직원이 우리가 나간 후에 실망할 것이고 마시자니 너무 배가 부르고, 따지 않은 채로 놔두고 나오면 그 직원의 호의를 무시한 것처럼 보여 시원한 사이다가 오히려 골치 아픈 뜨거운 사이다가 되었다.

나와 아내는 남산만 한 배를 만지며 심도 있게 합의한 해결책은 사이다를 따지 않고 가지고 가는 것이었다.

계산대에서 계산을 마치며 "직원분이 이 사이다를 서비스로 주셨는데 지금 배가 불러 마실 수가 없습니다. 집에 가져가 먹으려고 하는데 괜찮지요?"하며 동의를 구했고, "물론입니다." 내가 민망하지 않도록 직원은 상냥하게 대답했다.

식당을 나오면서 점퍼 주머니 안 사이다 캔을 손가락으로 조몰락거리며 조금 전 장면을 머릿속으로 되돌려 보았다. 지금 내 주머니에 이 사이다 캔이 들어와 있는 이유를 냉정하게 추론해 보았다.

나와 아내가 한 행동은 메뉴판을 앞에 놓고 손가락으로 그림과 함께 있는 메뉴를 가리키며 작은 목소리로 찬찬히 주문했고 직원이 주문한 음식 그릇을 테이블에 편리하게 놓을 수 있도록 밑 반찬 그릇들을 한쪽으로 옮겨 놓은 것이 전부였다. 우리 부부가 식당에서 식사할 때마다 습관적으로 하는 행동이다. 비록 사이다 한 캔이지만 한 번도 이런 진심이 담긴 서비스를 받아 본 적이 없었다.

구태여 원인을 하나 더 찾자면 직원에게 주문할 때 반말하지 않고 정중하게 존댓말을 했다는 것이다.

역설적으로 추측해 보면 그 직원이 고객들의 습관적인 반말 때문에 얼마나 괴로웠을까 하는 생각이 들었다. 그 직원에게는 언어폭력이었고 심할 때는 인격 살인이었을 것이다.

식당에서 빈번히 경험하지만, 직원에게 반말은 당연하고 삿대질이나 저속한 말을 하는 진상 고객을 어렵지 않게 본다. 직원이 고객과 피 한 방울도 섞이지 않았고 직장 부하 직원도 아닌데 말이다. 하물며 그런 사이라도 그렇게 몰상식하게 행동하면 바로 항의하고 최악의 경우는 경찰을 부르는 세상이다.

식당에서 상식적인 고객으로서 당연한 나의 행동과 말이

왜 사이다라는 서비스를 받을 만큼 그 직원에게 감동적이었는지 참 희한한 세상이다.

학력은 옛날에 비해 훨씬 높아졌고 생활 형편도 좋아졌는데 세상이 점점 각박해지고 있어 모두 신경이 곤추서는 바람에 아량, 포용, 관용이라는 단어가 풍기는 마음 씀씀이가 넉넉한 사람이 눈에 많이 띄지 않는다.

당연한 것이 특별한 것이 아닌 상식이 되는 사회가 정상적인 사람들이 사는 보통의 사회가 아닌가?

가족이나 친척이 식당에서 천박하고 폭력적인 행동을 하는 것을 그들의 자녀들이 '다시 보기'로 본다면 어떤 생각이 들까?

누구나 고객님으로 대접받고 싶지, 고객 놈으로 대접받고 싶지는 않을 것이다. 각자 직원을 대하는 말과 태도에 따라 님도 되고 놈도 되는 것은 순전히 본인의 몫이다.

> 그 후로 그 식당에 여러 번 갔지만 그 직원을 볼 수 없었다. 사직 이유가 고객들의 지속적인 무례한 말과 행동이 아니었으면 좋은데.

지고는

못살아.

지인 가운데 승부욕이 지나치게 강해 주위 사람들과 불필요한 마찰을 일으키는 사람이 있다.

지인이 항상 입에 달고 사는 말은 "지고는 못 살아!"다. 나이가 들었어도 승부욕만큼은 용광로 불꽃처럼 활활 타오르며 식을 기미가 없고 나이 드는 만큼 아집까지 가세해 더욱 강렬하다.

당구를 치든, 고스톱을 하든, 축구 스코어 맞추기를 하든, 내기를 하면 무조건 본인이 이겨야 직성이 풀린다. 옆에서 보기가 민망해 조금은 여유를 갖고 살라며 충고하지만 좀처럼 먹히질 않는다. 사회성도 좋고 남에게 배려를 곧잘 하는 성격임에도 특이하게 우열을 가리는 내기나 시합에는 눈에 쌍심지를 켜고 죽기 살기로 달려든다.

자아성장을 위한 투지 넘치는 집념이나 승부욕은 본인과 싸움이라 긍정적 측면이 있어 제삼자가 뭐라고 할 일은 아니지만, 타인과 연관되면 상황이 180도 달라진다.

우리 주위에는 이런 불굴의 투쟁적 사고를 가진 사람이 많다. 오래전에 배춧값이 폭등해 김치를 금치라고 부를 때가 있었다. 당시 직원식당에서는 김치 대신에 좀 저렴한 깍두기를 내놓았다. 차례대로 반찬을 식판에 담는데 여자 직원이 "나는 김치 없으면 밥을 못 먹어." 하며 반찬 집게를 깍두기 반찬통에 던지면서 짜증 섞인 목소리를 냈다. 반찬 투정할 나이가 따로 있는 것은 아니지만 중년의 나인데 마치 어린아이처럼 철없이 행동하는 모습이 볼썽사나웠다. 약간은 뒤틀린 마음으로 '재벌 집 사모님도 아니면서 주는 대로 먹거나 싫으면 안 먹으면 그만이지 죄 없는 음식 집게를 무식하게 던져' 하고 속으로 욕했다. 식사를 마치고 나갈 때 보니까 김치 없이 얼마나 밥을 맛있게 먹었던지 식판이 깨끗이 비워져 반짝반짝 빛날 정도였다.

살다 보면 지기도 하고 이기기도 하며 음식도 먹기 싫은 것을 먹어야 할 때가 얼마든지 있을 수 있다. 나 혼자 사는 세상이 아니기에 상황의 노예가 될 때가 더러 있다.

이런 극단적 사고를 가진 사람들의 특성은 대체로 예민하고 마음이 여유롭지 못하며 정신적 완충지대가 없는 '모'아니면 '도'인 성격 소유자다. 맞는 비유인지 모르겠지만 때린 사람은 발을 못 뻗고 자도 맞은 놈은 발 뻗고 잔다는 말이 있다. 그렇다 보니 승자의 마음속 이면에는 늘 긴장 속에 남을 경계하며 살 수밖에 없다. 때로는 물러날 수 있는 마음의 여지는 남겨놓고 살아야 하지 않을까 싶다. 윷놀이에도 '빽'도가 있듯 말이다. 본인의 정신건강을 위해 가끔은 승부욕을 용기에 잘 담아 냉장고에 넣어 온도를 낮출 필요가 있다.

우리 속담에 '지는 게 이기는 거'라고 했다. 진 것은 진 거지 왜 진 게 이긴 것이 되는가? 논리적으로는 설명이 쉽진 않지만 한참 시간이 지나고 나면 깨달음이 온다. 깨달음은 제시간에 오지 않고 항상 지각하는 못된 습성이 있다. "맞아! 그때 잘 참았어", "내가 져 주길 잘 했어." 또는 "내가 먼저 사과한 게 정말 잘한 거야." 하는 마음의 여유 공간이 생긴다. 생물과 같은 변화무쌍한 인간관계의 복잡성 때문에 한 발짝 뒤로 물러났던 지혜에 나 자신을 뒤돌아보게 된다.

성철스님은 '천하에 가장 용맹스러운 사람은 질 줄 아는 사람이다' 오히려 지는 사람을 용맹하다고까지 높게 평가했고 중국 청나라 시대의 화가 정판교는 '손해를 보는 것이 곧 복이다'라고 했다. 지는 것, 손해 보는 것은 겉과 달리 가면을 쓰고 있는 용맹과 복의 진짜 모습이고 성숙한 삶의 태도다.

신이 아닌 인간은 항상 이길 수 있게 만들어지지 않아 승리보다는 더 많이 패배하게 만들어졌다고 해도 과언이 아니다. 겸손하고 자중하며 살라는 조물주의 깊은 의도라고 생각한다.

대체로 실패와 패배를 가끔 경험하면 심리적 면역 효과가 생겨 정신적으로는 오히려 삶에 도움이 되어 편안하다고 한다.

야구에서 열 번 타석 중에 세 번만 안타 치면 3할 타자라고 치켜세운다. 일곱 번은 아웃 되도 용인된다는 의미다.

우리 삶에서도 열 번의 시합이나 내기 중에 세 번만 이기거나 성공하면 우수한 인생의 성적표라는 삶의 태도를 가진다면 남과 비생산적인 경쟁으로 얼굴 붉힐 일이 상당 부분 줄어들 것이다.

인도기업 인규브 랩스(InCube Labs)의 창립자 임란(Imran)은 '실패는 언제나 함께하는 친구이며 성공은 어쩌다 찾아오는 손님이다'라고 했다. 인생에서 성공보다는 우리 주위를 맴도는 실패라는 환영받지 못하는 친구와 잘 사귀면서 긴장감을 줄이고 여유롭게 살다 보면 정신건강에 훨씬 이롭지 않을까?

품위 있는 삶이란

'품위'의 사전적 의미는
'사람이 갖추어야 할 위엄이나 기품' 이다'

  부와 명예, 나이, 남자 또는 여자 구분 없이 품위는 누구에게나 있을 수 있고 느낄 수 있는 고매한 인격이다. 하지만 교실에서 학습으로 갖추기에는 어려운 자질 중 하나다.

  재미있는 사실은 품위유지비라고 하여 고위공직자나 회사 간부가 일정한 품위를 유지할 수 있도록 국가나 회사에서 지급하는 돈이 있다. 직원에게 금전적 보상은 해야 하겠고 급여 인상을 해주자니 타 기관이나 타 업체 눈치가 보여 궁여지책으로 품위(?)있게 이름을 붙여 지급한 임금 성 급여다. 이 이름을 짓는 데 많은 고심을 한 흔적이 보이지만 억지 춘양으로 이름을 붙이기 위한 이름일 뿐, 몇만 원이나 몇 십만 원으로 사람의 품위를 유지하거나 높일 수 있다고 생각지는 않았을 것이다. 돈으로 사람을 굳이 돋보이게 할 수 있다고 주장한다면 그것은 품위 보다는 체면에 가깝다.

체면은 사전에 '남을 대하기에 떳떳한 도리나 얼굴'이라고 되어 있다. 서양 속담에 '의식(衣食)이 족해야 예절을 안다'고 했다. 이 속담에서 의식은 한자로 옷과 밥을 뜻하지만 속뜻은 넉넉한 생활 형편 다시 말해, 경제적 여유를 의미한다.

경제적으로 궁색하지 않고 여유가 있다면 우리 사회 인간관계에서 발생하는 경조사에 부조를 할 수 있고 남을 대접해야 할 상황에서 충분히 체면을 지킬 수 있다. 하지만 품위는 결코 돈으로 해결할 수도 가질 수도 없는 고품격 인격이다 .

아무리 타인과 관계에서 돈을 많이 쓰고 대접한다 해도 존경받지 못하는 사람들이 수두룩하다. 이것은 무엇을 의미할까? 물론 돈을 품격 있게 써야 하지만 돈과 품위는 그렇게 상관관계가 크지 않다는 의미다.

반대로 경제적으로 어렵지만, 행동과 태도에서 품위가 향수처럼 풍기는 사람이 있다. 궁색해도 자존심을 잃지 않고 비굴하지 않으며 타인에게 존경받는 사람이다. 대표적인 사람들이 조선시대의 청백리라 할 수 있다.

주위에서 나이는 어리지만, 예의 바르고 품격 있는 젊은이를 보면 사람의 품위가 나이와 비례하지 않는다는 사실을 알게 된다.

품위를 갖춘 사람이라면 지키는 원칙들이 있다고 하는데 품위 있는 사람들이 지닌 삶에 대한 태도를 호주 대인관계 및 정신건강 전문 출판 미디어 **'핵스피릿**(Hack spirit)**'이 다음의 10가지**를 제시하고 있다.

도덕적으로 정직하다.
친절하다.
경청할 줄 안다.
유행을 좇지 않는다.
사소한 논쟁을 피한다.
자신이 한 말을 지킨다.
타인과 비교하지 않는다.
좋은 친구를 선택한다.
언제나 존중을 표한다.
다른 사람의 확인을 구하지 않는다.

(2022년 11월 12일 자 NATE 기사에서 발췌)

위 10가지 원칙 중 어느 것도 돈으로 얻을 수 있거나 돈에 직접 관련된 것은 없다. 그렇다고 부와 명예가 품위유지에 전혀 도움이 안 된다는 것이 아니라 영향이 크지 않다는 말이다.

품위는 태어날 때부터 지닌 DNA 일 수 있고 어릴 때부터 부모나 높은 수준의 인격을 지닌 사람들에게 보고 느끼는 학습 과정에서 자연스럽게 몸에 배는 자질일 수도 있다.

위 10가지를 요약하면 '정직하고 친절하며 약속을 잘 지키고 좋은 친구들과 어울리며 상대방을 존중하고 타인의 영향을 받지 않는 나만의 올바른 철학을 가진 사람'이 품위 있는 사람이다.

이 원칙들을 지키며 부단히 노력한다면 품위 있는 사람으로서 삶이 그렇게 어려운 일은 아닌 듯싶다. 최소한 다른 사람들에게 추하거나 천박하다는 말은 듣지 않는 삶을 살 수 있다는 것은 확신할 수 있다.

점점 사회 구성원들이 치열한 생존경쟁 속으로 내몰리고 환경의 변화 속도가 빨라지면서 전투적이 되고 사소한 것에도 감정의 급발진 버튼을 누르는 것을 보며 품위 있는 사람들이 우리 주위에 많다면 사회가 따뜻하고 차분해질 것은 분명한데 인위적으로는 할 수 없다는 게 아쉬움이다.

1+1
아메리카노

 커피 가격은 브랜드에 따라 차이가 세 배 이상 나기도 한다. 비싼 커피가 제값을 한다지만 다른 이유로 커피값과 상관없이 가슴으로 맛보는 훈훈한 커피도 있다.
 사람의 혀가 참 간사하고 변덕이 죽 끓듯 하듯 전에는 대충 검은 색깔의 무늬만 커피면 마셨는데 이제는 브랜드라는 족보가 더해서인지 유명 커피전문점 커피가 내 입맛을 사로잡는다.
 핸드폰에 커피 앱을 깔아 충전하는데 월말 카드 명세서의 커피값에 놀라서 줄이겠다고 다짐하지만 기호 식품은 중독성이 강해 좀처럼 줄이기가 쉽지 않다. 대안으로 저렴한 커피를 마시려고 해도 유명 브랜드 커피에 길들여진 혀가 영 즐거워하지 않고 심통을 부린다.

보름 전쯤 동네를 산책하다 어느 가게 앞 입간판에 '아메리카노 ₩2000, 1+1 행사'가 몇 십 미터 앞에서 볼 수 있을 만큼 큰 글씨로 쓰여 있어 호기심에 안으로 들어가 보았다.

입구에 키오스크가 경비병처럼 위엄 있게 지켜보고 있었으며 내부에는 커피기계와 싱크대가 있고 홀 쪽에는 테이블 네 개가 옹기종기 사이좋게 놓여 있었다.

새로운 스타일의 키오스크여서 주문 시간이 조금 지체되자 내가 안쓰러워 보였는지 안쪽에서 커피를 만들고 있던 청년이 나와 사용법을 자세히 설명하며 대신 주문해주었다.

잠시 후 주문한 커피를 받으며 "이렇게 싸게 팔아도 남는 게 있어요?"라고 오지랖 넓게 묻자 "많이 팔면 남긴 남아요." 해 맑게 웃는다. 한 잔당 10% 마일리지까지 적립해 주는 곳이었다.

두 명이 운영하는 가게로 한 달 전에 이 가게를 인수했고 지금은 오픈기념으로 1+1 프로모션 중이라고 했다.

이후로 이 가게를 가끔 이용하며 서로 얼굴도 익히고 가벼운 대화를 하면서 친밀도를 높여갔다.

내가 주로 이용하는 유명 커피숍은 매출액 대비 내 기여도는 회계장부 숫자상 의미 없는 투명 숫자에 불과하지만 이 커피점은 나의 방문이 매출과 상관없이 동기부여가 되었으면 했다.

주말에 가면 좁은 안쪽 주방에서 아르바이트직원을 포함

해 세 명이 쉴 사이 없이 커피와 음료수를 만드는 장면이 마치 호떡집에 불 난 듯 정신없었고 문 앞에는 라이더 서너명이 항상 배달할 커피를 기다리고 있었다. 나는 그 모습에 온몸에 전율이 흘렀고 마치 내가 커피가게의 사장인 양 흡족했다.

두 명의 그 커피숍 청년 사장님(?)들은 내 추측에 가진 돈 다 투자해서 그 커피숍을 열었을 것이다. 커피숍 위치가 사무실이 밀집해 있는 건물 1층이라 임대료도 만만치 않은 곳이다.

그 커피숍에서 커피를 포장해서 나올 때면 청년 사장의 "감사합니다." 한마디에 행복주유소에서 행복이라는 연료를 가득 채운 것처럼 기분이 날아갈 듯했다.

산책하다 그 커피숍 앞에 손님이 줄 서서 커피를 주문하는 모습을 보면 엔도르핀이 넘쳐흘러 주체 못할 만큼 즐겁다.

어제는 커피 두 잔을 포장해 나오는데 커피잔 위에 매장에서 4천 원에 판매하는 비스킷 하나가 들어 있었다. 내가 주문하지 않았다고 하자 감사해서 드리는 거라고 했다. 그 순간 나는 정말 부끄러웠다. 커피를 주문할 때마다 마일리지를 적립했던 내 쪼잔함이 비스킷으로 환생해 돌아왔기 때문이었다.

청년들이 운영하는 가게를 보면서 그들의 열정과 노력으로 그들의 꿈이 이루어지도록 늘 고객들로 붐볐으면 좋겠다. 청년들의 꿈을 갉아먹는 열정페이와 기약 없는 희망 고문이 사라지길 소망한다. 청년들이 처한 상황적 약점을 이용해 불공정한 대우를 하는 건 정의로운 건강한 대한민국 사회가 아니라고 생각한다.

미각이 기호식품을 선택하는 가장 중요한 요소지만 때로는 가슴 따뜻함에 이끌리는 미각이 더 강력하고 중독성이 더할 수 있다는 것을 체험 중이다.

> 오랜만에 조강지처였던 동네 유명 커피숍에 들렀더니 "왜 안 오셨어요! 무슨 일 있으셨어요?" 반가움 반 안심 반 얼굴로 잘 아는 직원이 묻길래 얼떨결에 "여행 다녀왔어요." 하고 얼버무렸다. 이쯤에서 대화를 끝냈으면 좋았는데, "외국 여행 갔다 오셨나 봐요?" 장기간 못 봐서 국내 여행이라고는 생각지 않은 모양이다. 더 이상 할 말이 없어 "예." 대답하고 짜증스러운 표정을 짓는 뒤에 줄 선 고객을 위해 물러났다. 관심은 고맙지만, 무관심도 상대를 배려하는 높은 수준의 관심이 될 수 있는데. 다음에 이 커피숍에서 와서 같은 질문을 받으면 뭐라고 변명해야 하나? 막상 닥치면 적당한 대답이 생각나겠지만.

333원

 살면서 가장 억울한 것 중 하나가 사람이든 물건이든 노력과 가치에 비해 정당한 평가나 보상을 받지 못하는 일이다. 그 원인이 편견이거나 경제 사회적 상황 때문일 경우가 대부분이다. 오늘 열심히 사는 사람들의 피땀 어린 노력으로 만든 물건이 제 값을 받지 못하는 처량한 모습을 목격하고 무기력한 분노가 일었다.

 '싼 게 비지떡'이란 말이 있다. 콩으로 두부를 만들고 남은 것이 비지이고 그 비지로 만든 떡이 비지떡이다. 두부 요리 전문점에서 식사하고 나갈 때 필요한 사람은 가져가라고 출입문 앞에 검은 비닐봉지에 담겨 있는 것이 구박탱이 비지다. 영양소가 다 빠져나간 것으로 아무도 안 가져가면 음식물 쓰레기통으로 직행할 수밖에 없는 음식 찌꺼기다.

별미로 비지에 김치, 돼지고기를 넣고 끓인 비지찌개는 먹어봤지만, 비지떡은 본 적도 먹어 본 적도 없다.

비지떡은 싼 게 아니라 원래부터 값이 없거나 값을 매길 수 없을 정도로 금전적 가치가 없다고 해야 옳은 표현이다.

옛날 교통수단이 열악했던 시절 충북 제천의 박달재 주막에 묵었던 선비가 한양으로 떠날 때 주모가 뭔가 주길래 무엇이냐고 물으니, "싼 게 비지떡입니다, 출출할 때 드십시오."라고 했다는 말에서 유래되었다고 한다.

'싼 게'의 의미를 유추해 보면 보자기로 쌌다는 것으로 이해된다. 정확한 의미의 옳고 그름을 떠나 다 어렵게 살던 시절 돈을 받지 않고 마음의 정으로 줄 수 있는 요기 거리였다. 그럼에도 값싼 게 비지떡이라고 다시 강조하는 것은 비지떡에는 두 번 죽이는 셈이고 모멸감이 드는 말이다.

오늘 또 다른 비지떡의 가슴 아픈 현실을 보았다. 비지떡도 아닌데 어쩌다가 공짜나 다름없는 비지떡 신세가 된 양말의 애처로운 운명.

집 근처 대형마트에서 장을 보다 뒤에 따라오던 아내가 "아니 양말 세 족이 천 원이네." 하는 놀란 말소리에 뒤를 돌아보다 아내와 눈이 마주쳤다.

나는 터무니없는 가격이라 다시 가격표를 잘 보라고 했지만, 아내는 확실히 천 원이라고 했다. 직접 가서 가격표를 자세히 들여다보니 분명히 천 원이었다. 9,900원 가격표가 위에 보이고 그 밑에 1,000원이라고 다시 가격표를 붙였다. 아내는 다음 주 만나는 친구 준다고 싼 맛에 이천 원어치를 더 사며 즐거워했다. 설날이 며칠 안 남아 양말 제조회사가 현금 확보 차원에서 재고정리로 팔아 치우는 듯했다.

보통 양말은 소규모 영세 업체들이 만들며 판매가 안 되면 도산하기 십상이다. 양말이나 속옷 등을 생산하는 주택가 지하공장을 보여주는 르포 방송을 TV에서 여러 번 보았다. 공기가 잘 통하지 않는 지하에서 한여름에 에어컨 없이 삐걱거리는 소리가 나는 낡은 선풍기로 더위를 이기며 러닝셔츠만 입고 일하는 직원들 모습이 눈에 선하다.

부동산 가격이 몇 년 사이에 많이 올라 강남뿐 아니라 집 가진 사람들은 최소한 몇천만원, 몇억, 많게는 10억 이상 번 사람이 수두룩하다.

오늘 333원짜리 양말을 보며 가슴이 예리한 칼에 베이듯 아프고 아렸다.

원래 가격 3,300원짜리 양말을 10분의 1 가격인 333원에 팔 수밖에 없는 그들과 부동산으로 떼돈의 불로소득에 기쁨을 감추지 못하는 사람들.

세상은 능력껏, 눈치껏, 요령껏 살아야 한다지만 그 능력이 어떤 사람들에게는 이성적으로 도저히 받아들일 수 없는 불공평한 것이라면 어떤 생각이 들까? 세상에 대한 원망과 분노가 용암처럼 가슴에서 뿜어 나지 않을까?

양말을 333원에 파는 그들은 비지떡을 파는 게 아닌 힘든 노동의 땀이 밴 양말을 파는데 우리는 값싼 비지떡의 모습으로 보고 하찮게 취급하지 않는지. 누구에게나 그 양말이 정당한 값으로 대접받는 양말이 되어야 건강한 사회인데 말이다.

고단한 삶 속에서 노력과 땀의 결실로 만들어지는 양말이 제값을 받을 날이 언젠가 오긴 하겠지만 지금은 너무 서글프다. 공짜나 다름없는 양말 값에 그렇게 좋아할 일이 아니라 그것을 만든 사람들의 아픈 가슴을 어루만져 주어야 더불어 사는 따뜻한 사회라고 할 수 있지 않을까.

유명백화점에서 계절 따라 하는 세일은 즐거운데 마트에서 하는 말도 안 되는 헐값 떨이는 어쩐지 씁쓸하다.

감성과 이성 사이

부제 : 혐오시설

사는 동네에 혐오시설이 들어서는 것을 결사반대하기 위해 주민이 머리에 띠를 두르고 붉은 글씨로 쓰인 피켓을 흔들며 구호를 외치는 뉴스 장면을 보면 참 답답하다. 전후 사정은 충분히 이해하지만 대화로는 풀지 못할 난제인가? 저렇게 죽기 살기로 실력 행사해야 하나?

님비(NIMBY) 현상은 공공의 이익 측면에서 사람들이 필요성을 인정하면서도 그런 시설이 본인이 거주하는 지역에 들어왔을 때 미치는 여러 가지 위해(危害)요소 때문에 꺼리는 것을 말한다. '우리 집 뒷마당에는 안 된다(Not In My Back Yard)'란 영어 문장의 머리글자를 따서 만든 용어다. 님비 현상은 유해물질로 인한 환경오염과 인체의 부정적인 영향, 재산 가치의 하락 등의 이유로 발생한다. 주로 쓰레기 매립장, 화장장, 방사능

폐기장, 송전탑, 교정시설, 유류저장소 등과 같은 시설이다.

지역주민의 반대가 워낙 심해 그런 시설을 유치하는 지자체에는 지역주민 설득 작업의 한 방편으로 시설에서 발생하는 수익 일부를 주거나 복지시설을 건립해 주는 등의 인센티브를 준다. 복잡하고 첨예한 건립과정이 따르긴 하지만 반드시 있어야 할 장애인 시설까지 유치를 반대하는 것은 안타깝다.

혐오시설이 과학적으로 검증되어 시설 근처의 주민들에게 유해한지는 확실치 않아 보인다. 합리적 근거 보다는 감정적인 추론에 가까운 심리, 휴리스틱이 아닌가 싶다. 그런 시설을 결정할 때 최소한 주민 건강과 안전에 큰 문제가 있다면 주민들의 예상되는 격렬한 반대를 무릅쓰고 정부가 건설하려고 하지 않았을 것이다. 나는 당사자가 아닌 제삼자, 관찰자 시점의 일반적 상식을 가진 시민이라는 한계는 있다.

피부로 다가오는 직접적 이유를 말한다면 주민의 안전 위협과 자산가치 즉 집값 하락이 주된 이유라고 생각한다. 혐오시설 가까이에 살기가 누구나 께름칙해 부정적 영향이 있다고 하지만 이 역시 수치로 계량화할 수 없어 추상적으로만 느낄 뿐이다.

내가 사는 아파트에는 방폐장이나 화장장 같은 기피 시설 건립과 같은 거창한 수준에 비해 낭만적(?)이라 할 수 있는 소박한 님비 현상이 있다.

대단지 아파트라 단지 사이를 관통하는 2차선 도로가 있다. 그 도로 갓길에 소형트럭을 주차해 놓고 주민들이 다니는 보도에 물건을 장마당처럼 펼쳐 놓고 장사하는 노점상 때문이다.

파는 것은 과일, 채소, 양말, 호떡 만두와 같은 즉석식품, 빵, 잡화 등이다. 아파트 주민들이 지나다니는 길에서 호객행위 모습이 마치 먹자골목처럼 시끄러워 혹시나 아파트의 유무형 가치에 악영향을 끼치지 않을까 우려가 크다.

깔끔하고 세련된 대단지 신축 아파트에서는 상상할 수 없는 광경이다. 노점상에 관심이 없는 나도 많은 노점상 때문에 아파트 앞이 어수선해 지나다니며 기분이 좋지는 않다.

다른 불만의 합리적 근거로, 일부 주민들과 주변 상가 상인들의 주장은 아파트 근처 상가는 비싼 임대료를 내고 합법적 영업하는데 노점상은 임대료와 세금 한 푼 안 내고 공짜로 장사를 한다는 것이다. 나는 그 논리에 동의한다. 노점상은 노점상대로 좋은 물건을 아파트 단지 안이 아닌 외부 도로 보도에서 싸게 팔고 있는데 무엇이 문제냐고 항변하지만, 정당성이 떨어지는 주장이다. 어떤 상황에서도 불법은 불법일 뿐 합법이 되지는 않는다.

아파트 일에 관심이 많은 열정적인 일부 주민은 하루에도 몇 번씩 구청에 노점상 처리를 요구하는 신고를 해서 구청 공무원을 바쁘게 한다. 나는 신고 행위를 공정과 상식에 부합되는 옳은 일이라고 생각한다.

일부 주민은 마트에서 사는 것 보다 바로 아파트 앞의 접근성 때문에 노점상의 단골이 되기도 한다. 아내 말로는 물건값도 마트나 상가보다 저렴하고 질도 좋다고 한다. 당연히 임대료가 빠진 가격이라 경쟁력은 충분히 있을 수밖에 없다.

한 가지 재미있는 사실은 노점 상인의 연령대가 오십 대 이상이라 노인 분이 많은 우리 아파트 주민들이 오다가다 노점상과 대화하는 장면을 자주 목격한다. 어떨 때는 노점 옆에 몇 분의 노인이 앉아 세상 돌아가는 이야기를 노점상과 하는 것을 보면 노점상이 참새 방앗간처럼 야외 노인정인 셈이다.

구청에 노점상을 해결해 달라고 전화하는 주민, 노점상과 대로변에서 싸우는 주민, 노점상을 수시로 이용하고 그들과 정겨운 담소를 나누는 주민, 여러 부류의 주민이 공존하는 애증의 노점상이다.

나는 오늘 노점상에 대해 여러 생각이 교차하는 특이한 경험을 했다. 아파트 길모퉁이에 거의 80세에 가까운 여자 노인분이 설날과 추석을 빼놓고는 하루도 빠짐없이 나와 야채를 판다. 사우나 가는 길목이라 늘 보지만 이용할 일이 없어 지나치곤 했는데 오늘 그곳에서 아내의 부탁으로 오이를 사야 했다. 오이를 파느냐고 물어보았는데 오늘은 안 판다고 하며 그 노인분은 나에게 미안해했다. 그런데 내 앞에서 고구마를 산 아파트 주민에게 그 노인분은 "항상 팔아 주셔서 고맙습니다."라고 감사 인사를 했고 주민은 "오늘같이 추운 날(영하 12도)은 감기 걸리세요. 집에서 쉬시지 왜 나오셨어요." 마치 친정어머니 건강을 챙기는 시집간 딸 같은 따뜻한 말투였다. 서로 오랜 시간 알고 지내 온 사이처럼 정겹고 훈훈해 보였다.

정당성 측면에서 주민의 동의가 필요한 혐오시설 유치에는 갈등의 요소가 얼마든지 있어 띠 두르고 생존권 사수 구호를 외치지만 우리 동네 노점상 문제는 나름 소박하고 살벌해 보이지 않는다.

상황에 따라 우리 가슴속에서 이성이 앞설 때도, 감성이 지배할 때도 있다. 모든 일에 옳고 그름을 정확히 자로 재듯 판단하기란 기계가 아닌 이상 쉽지 않고 '그때그때 달라요'다.

고구마를 산 아파트 주민과 노점상 할머니의 대화를 듣는 순간 나의 가슴속 가치관 저울이 이성과 감성의 중간지점에서 감성의 지점으로 약간 움직였고 이성으로써 옳은 일이 감성적인 면에서는 항상 옳지 않을 수 있다는 것을 절실히 느낀 온기 도는 겨울 날씨였다.

진상 고객 될

결심

　식당에서 내 돈 내고 내가 먹고 싶은 음식을 타의로 먹지 못하는 것처럼 화나는 일도 없다. 그 이유는 바로 식당 직원의 도가 넘는 메뉴 권유다. 말이 권유지 강매나 다름없다.
　식당 직원이 불친절하거나 음식 맛이 없어도 나는 대충 넘어가지만 가장 기분 나쁜 것이 거절해도 반복되는 식당 직원의 메뉴 추천이다.
　오늘은 소명 의식(?)을 갖고 어느 식당 직원에게 민망할 정도로 일침을 가했다. 두 번씩이나 정중하게 사양했지만 계속되는 직원의 일방적 음식 추천 때문에 잠자고 있던 나의 저항 본능이 발동했다. 참을 수도 있었지만, 그냥 좋은 게 좋은 거라고 넘어가면 다른 선량한 고객에게도 똑같이 할 것 같아 합리적 진상 고객이 되기로 결심했다.

식사 자리를 갖게 되면 메뉴 주문 전 가격에 눈이 먼저 달려가는 것이 소시민의 솔직한 마음이다. 특히 고급식당일 때는 음식 가격에 예민할 수밖에 없어 순서가 뒤바뀌긴 했지만, 가격 다음 고려 대상이 좋아하는 음식이다.

초대받은 자리라면 초대한 사람이 알아서 상대를 배려해 주문해주거나 나에게 물어봐 그나마 덜한데 내가 초대하는 자리나 가족 식사자리라면 메뉴 주문 주도권은 묵시적으로 내가 갖게 되어 있다.

가장 기분이 상할 때가 메뉴 중에 가격이 조금 싼 것을 주문하면 영악한 식당 직원이 맛이 없다거나 그 메뉴는 오늘 준비가 안 된다거나 하며 속이 훤히 보이는 이유를 대고 다른 메뉴를 추천한다. 얄밉지만 좋은 분위기를 깨기 싫어 울며 겨자 먹기식으로 직원의 요구에 응할 수밖에 없을 때가 더러 있다.

직원이 추천한 메뉴는 내가 주문했던 음식 가격보다 이상하게 항상 비싸지 더 저렴한 가격의 메뉴를 추천받은 적이 한 번도 없었다. 왜 내가 주문한 메뉴는 늘 맛이 없고 때로는 재료가 없는 이류급의 메뉴일까? 실제로 재료가 떨어져 제공이 안 된다면 충분히 이해할 수 있지만 점심이나 이른 저녁시간에 가도 마찬가지다.

음식점 직원의 메뉴 추천에 한 번 정도는 넘어가 주는데 두 번 이상 계속해서 다른 메뉴를 강요하면 무시당하는 기분이 들어 음식을 먹기도 전에 입맛이 싹 가신다. 많은 사람이 식당에서 자주 경험하는 일이다.

처음 메뉴 추천에는 지킬 박사처럼 "제가 주문한 음식 그냥 주세요. 제가 좋아하는 메뉴입니다." 하고 대답하지만 계속되면 분노 게이지가 작동해 하이드 처럼 돌변하며 말투가 거칠어진다. "주문한 것 그대로 주세요." 또는 "준비가 안 되는 메뉴라면 미리 이야기하거나 메뉴판에서 가려야 하지 않아요?" 그래도 멈추지 않으면 나의 인격과 대척점에 있는 마지막 히든카드, "직원분이 제 음식값 대신 내주실 거 아니면 그것으로 주세요." 진상 고객이 될 거라는 경고다. 이쯤 되면 음식점 직원은 내가 더 이상 착한 고객이 아님을 눈치채고 고분고분하게 "준비해 드리겠습니다." 하고 옛날 임금님 앞에서 조신하게 물러나는 영의정 모양새다.

음식점 직원이 다른 메뉴를 추천하는 이유는 딱 두 가지로 추측한다. 하나는 정말 내가 주문한 메뉴가 맛이 없어 고객에게 훌륭한 음식을 제공하려는 프로 정신에서 나오는 순수한 마음이다. 안타깝지만 그렇게 느낀 적이 거의 없다는 것이다. 이상하게 처음 메뉴보다 직원이 추천한 음식이 항상 비쌌으니까. 그런 마음이 들려면 직원이 추천한 메뉴 가격이 내가 주문한 가격보다 최소한 열 번에 한 두 번쯤 은 싸야 하지 않았을까? 그랬다면 나는 합리적 진상 고객이나 하이드 처럼 행동하지 않았을 것이다.

두 번째는 고객은 기분 나쁠 수 있지만 음식점 사장에게는 매우 유능한 직원이 될 수 있는 매출 증대 때문일 것이다.

오늘도 변함없이 같은 상황이 연출됐다. 식당을 나오며 지인이 다시 안 오면 되지 왜 직원 무안하게 그렇게 했느냐고 나무랐다. 물론 나는 그 음식점 좌석에 다시 앉을 일이 없고 그 직원도 나와 천생연분이 아닌 이상 다시 만날 일이 없지만 다른 고객을 위해서 나쁜 버릇(?)을 고쳐 주려 잘난 척 한 번 했다고 당당하게 말했다.

내 오지랖이 너무 넓었나 싶었지만, 나처럼 정상적인 삐딱한 고객이 가끔은 있어야 식당 주인에게 충성스러운 직원들이 긴장하고 조심하지 않을까? 아직도 많은 식당에서 '강매 보존의 법칙'이 끊임없이 지켜지며 성행하고 있다는 것이 참 불편하다.

고객을 진정으로 위하는 직원이 되든지, 식당 주인에게만 사랑받는 직원이 되는지는 그들의 선택사항이지만 분명한 것은 나도 바람직한 진상 고객이 될 준비는 항상 되어 있지만 호갱이 되는 것은 '아니올시다' 다.

결혼의 3無

 자녀를 결혼시킬 나이들이라 지인들과 결혼에 관한 대화가 많기 마련이다. 변할 것 같지 않던 결혼의 고정 관념들이 시대에 맞추어 없어지거나 느슨해짐을 실감한다.
 결혼식장에서 주인공인 신랑이 축가를 부르고 리듬에 맞추어 신부가 춤을 현란하게 추거나 시어머니 될 사람이 트로트 한 곡을 구성지게 부르기도 한다. 파격이 아닌 거의 무격(無格) 수준이다. 하지만 질서 없는 무격이 아닌 창의적인 짜임새 있는 무격은 얼마든지 환영할 일이다. 고전적인 엄숙한 결혼식보다는 유쾌하고 이야깃거리가 있는 자유분방한 결혼식이 지금 시대에는 어울린 듯 보인다.
 아직은 이런 변화들이 사회 통념에 눌려 보편적인 결혼식 문화로 완전히 자리잡진 않았지만, 실용적이고 현실적인 변화여서 긍정적 측면이 있다.

　재미가 곁들여진 지엽적인 것은 그렇다손 치고 결혼의 필수 항목인 세 부분, 주례, 폐백, 예단이 점점 사라지고 있다.

　주례는 결혼 당사자들에게 평생 기억될 만한 축하와 덕담을 해주는 결혼식을 주관하는 사람이다. 10여 년 전만 해도 주례 없는 결혼식은 흔치 않았다. 우리의 전통 혼례에는 주례가 없었으나 1900년 이후 서양의 기독교 선교를 통해 들어온 웨딩홀 문화에서 생겨났다고 한다.

　주례는 학교 선배, 은사, 직장 상사 또는 사회의 덕망 있는 인사들이 맡아 해 주는 게 일반적이다. 어떻게 보면 결혼식에 있어 가장 중요한 부분을 차지하는 사람이다. 통계상 요즘은 결혼식의 50% 이상이 주례가 없다고 한다. 다양하고 개성 넘치는 젊은이들은 결혼식에 반드시 주례가 있어야 한다고 생각지 않는 모양이다. 주례가 없어도 결혼의 의미가 퇴색되지 않는 결혼식은 얼마든지 가능하기 때문이다. 나도 주례 없는 결혼식에 여러 번 참석해봤지만 나쁜 인상은 받지 않았다. 오히려 양가 부모님들의 가슴에서 우러나는 덕담과 축하가 더 진솔해 보였다. 사실 결혼식장에서 처음 신랑 신부를 보았다는 주례 선생님도 많다고 하니 '검은 머리 파뿌리'로 시작되는 틀에 박힌 주례사가 될 수밖에 없다.

　다음은 예단이다. 밟으면 터지는 지뢰와 같은 폭발력이 강한 파혼의 이유가 되는 주범이다.

예단의 유래는 신부가 시댁에 드리는 비단이었다. 그 후로 많이 변화해 주로 반상기, 침구류, 은수저 등을 보내기도 했다. 시부모에게 자기 딸을 잘 봐 달라는 용인된 청탁성 선물이었다.

전보다는 덜하지만 전문 직종 직업을 가진 사(士)자 들어가는 사위를 얻게 되면 아파트 열쇠, 자동차 열쇠, 금고 열쇠 등을 신랑 측에서 예물로 요구하는 사례가 있어 결혼이 계약처럼 느껴져 씁쓸했다. 주위에 이 예단 문제로 성스러운 결혼이 처음부터 잡음이 나는 것을 많이 보았다. 시작 자체가 거래 성격이 짙은 혼사였기 때문이다.

예단을 요구할 때는 사돈 집안의 경제적 능력을 배려해야 하는데 A4용지에 엑셀로 사돈의 팔촌까지 줄 예단목록을 빼곡히 작성해 신부 측에 건네주는 바람에 파혼하는 지인 가정을 실제로 보았다. 말로는 성의껏 형편 되는대로 하면 된다고 예비 시가 쪽에서 말하지만, 예비 신부 쪽에서는 최대한 능력 이상으로 하라는 압력으로 느낄 수밖에 없다.

지금은 대부분 현물이 아닌 현금으로 신부 측이 보내고 현금을 받은 신랑 측은 그 금액의 절반 정도를 다시 신붓집으로 보낸다고 한다. 옛날에 예단으로 침구류를 보낸 신부 측에 침구류 수고료로 보낸다는 의미였다고 하여 봉채비(封采費)라고 한다. 근래에는 시부모에게 옷, 장신구 등을 사라고 꾸밈비를 보낸다고 한다.

반면에 신혼집 구하거나 혼수에 보태라고 서로 합의 하에 예단을 생략하기도 한다.

요사이 젊은이들의 결혼은 반반 결혼식이 대세다. 신랑 신부가 모든 결혼 비용을 정확하게 반반씩 부담하는 결혼이다. 신랑은 집을 장만하고 신부는 혼수를 준비하던 옛날 풍속은 퇴출 직전이다. 예단, 혼수 등 결혼의 부작용을 상당 부분 없애주는 반반 결혼식이 가장 합리적인 방법이라고 나는 생각한다.

하여튼 모든 대소사에 휘발성이 강한 돈이 끼어들면 부작용이 나기 마련이다.

특히 형편이 어려운 사람들보다 경제적으로 넉넉한 집안들이 이상하게 더 심한 것 같다. 그것도 따지고 보면 체면을 중시하는 우리 문화의 특성이 원인인 듯하다.

마지막으로 폐백은 신부가 시부모를 비롯한 여러 시댁 어른에게 인사를 드리는 혼례 의식이다. 예전에는 시댁 사람들만 절을 받았지만, 지금은 남녀평등 차원에서 신부 측도 받는다고 한다. 이 또한 현실에 맞게 폐백을 많이 생략하는 추세다. 폐백 음식 준비나 신랑 신부 한복 준비도 비용이 많이 들고 결혼식 하느라 파김치가 된 신랑 신부를 수십 번 절하게 만드는 중노동을 시키는 것이다.

결혼의 3무에 대해 형편과 상황에 따라 다양한 의견이 있을 수 있다. 어떤 사람은 인륜지대사인 혼사에 오랜 전통을 반드시 지켜야 한다고 주장하는 반면, 옛날의 순수했던 아름다운 전통이 금전적인 문제로 변질돼 허례허식이라고 반박하는 사람들도 있다.

확실한 것은 좋은 전통과 문화도 당사자들에게 정신적 육체적 경제적 부담을 준다면 행복하고 즐거워야 결혼식이 고통식이 될 수밖에 없다.

3무 결혼식에 대한 저항이 점점 약해지는 것을 보면, 결국은 모두 합리적이고 현실적인 방향으로 진화하는 자연스런 현상이 아닌가 싶다.

신랑 신부와 두 집안이 부담스럽지 않은 뜻깊은 결혼식을 할 수만 있다면 어떤 형태의 결혼식이라도 축복할 일이다.

물론 신랑 신부의 사랑과 두 집안의 현실 상황이 행복이라는 저울 양 끝에 올려놨을 때 균형을 이룬다면 더 없이 좋은 결혼식이 되겠지만 말이다.

언어의

인플레이션

1. 단군이래

강동구에 있는 둔촌 주공 아파트가 재건축했다. 부동산 기사에서 이 재건축에 수식어가 그림자처럼 따라다니는데 '단군이래' 다. 규모가 만 이천가구라 사상 최대를 강조하기 위해 고조선 시조인 단군까지 소환해 홍보하는 것을 보며 반짝이는 아이디어에 놀랄 따름이다. 조선시대 이후나 제1공화국 이후라고 했다면 어땠을까? 밋밋하고 화끈한 맛이 없어 사람들의 이목을 끌지 못했을까?

하늘에 계시는 단군께서 어떻게 생각하실지? 혹시 둔촌 재건축 아파트에 초상권 침해로 소송하실지?

2. 레전드

문자 그대로 전설이다. 어느 분야에서 오랜 옛날부터 현재까지 통틀어 유일무이 존재하는 사람이다. 하지만 이제는 여러 분야에 특출 난 능력을 가진 사람을 빗대어 레전드라고 불러준다. 조금은 흔하고 중량감이 많이 떨어진다. 레전드는 무게감과 희소성이 있어야 하는데 너무 남발해 특별함이 와 닿지 않는다. 미모가 뛰어난 여성을 '레전드급'이라고 하는데 '급'을 붙여 다른 사람에게도 문호(?)를 개방해 저렴해진 느낌이다.

3. 세기의 결혼

영국의 왕실이나 세계적인 톱스타들의 결혼식에 사용하던 최고의 단어인 '세기의 결혼'. 내 기억에는 대한민국에서 이 단어의 최초 수혜자는 1964년 워커힐 호텔에서 결혼식을 올렸던 당대 최고의 영화배우 신성일과 엄앵란이었다. 신문마다 세기의 결혼식이라고 대서특필했다. 지금은 웬만한 유명 연예인들의 결혼이나 스포츠 스타와 인기배우의 결혼식에 스스럼없이 표현한다. '세기'라는 격과 맞는지는 각자 판단할 일이지만 해당 스타들의 열성 팬들에게는 기분 좋은 일일 것은 분명해 보인다.

4. Best of best

최고 중의 최고라는 뜻이다. 정확히 말하면 어떤 분야 중에 최고에 있는 하나만이, 한 사람만이 가질 수 있는 영광스러운 타이틀이다. 그런데 상대와 비교우위에 있으면 거침없이 Best of best라고 치켜세운다. 내가 알고 있는 Best는 Good의 최상급인데 지금은 better 정도의 의미로 쓰이는 듯하다. 평가절하된 단어로 전락한 것 같아 당사자인 Best가 민망할 지경이다. 유튜브의 썸네일처럼 말이다. 어차피 세상은 뻥튀기 해야 관심을 가져주는 홍보 시대지만 너무 과장하면 역효과가 나는 법이다.

5. 신의 한 수

어떤 특정인의 기막힌 태도나 행동 또는 말을 가리켜 칭찬하는 표현이다. 특히 바둑에서 생각지 못한 묘수에 주로 사용하지만, 야구나 축구 등 운동경기에서 감독의 선수 기용이나 작전이 성공했을 때도 갖다 붙이는 단어다. 현대는 신의 홍수 시대인 듯하다. 그렇지만 신에게는 인간과 동격이 되어 기분이 상할 일이어서 인간의 도리로 신에게 덜 미안하려면 '신의 한 수 같은 인간의 한 수'라고 하면 글자가 길 긴 하지만 어느 정도는 신의 체면을 세워주는 동시에 화도 조금은 누그러지지 않으실까?

6. 핵 ~

북한의 끊임없는 핵 개발의 위협으로 우리에게 친숙한(?) 단어가 되었다. 물론 히로시마 핵폭탄 투하로 수많은 사람이 목숨을 잃어 결코 긍정적인 단어로 볼 수는 없다. 역시 인터넷상에서 강조하기 위한 과장된 표현으로 일상적인 단어가 되었다. 원래 의미인 공포와 두려움 대량 살상의 느낌 대신에 '최고의', '엄청난', '화끈한', ''시원한'의 뜻으로 개과천선했다. 하지만 북한의 핵 위협이 아직도 한반도에 상존하는 이상 본래의 의미와 다르게 희화화 되어 우리가 북한의 핵 위협에 긴장감이 떨어지지 않을까 하는 소박한 애국심을 가져 본다.

7. 국민 ~

얼마 전 TV 예능 프로그램에서 사회자가 출연 가수를 국민가수라고 소개했다. 그 가수는 이름만 들어도 누구나가 알 수 있는 가수인 건 맞다. 유명한 가수이긴 하지만 국민가수라고 하기엔 뭔가 5%쯤 부족한 느낌이었다. 내가 개인적으로 인정하는 '국민'자 들어가는 사람은 타계하신 국민MC 송해, 국민가수 이미자, 국민배우 최불암씨 급의 수준이다. 요사이 조금만 유명해지면 '국민'자를 거리낌 없이 붙여 어리둥절할 때가 있다. 이제는 범위가 넓어져 국민 여동생, 국민 삼촌, 국민 이모, 등으로 불리는 사람들이 꽤 많다. 당사자는 기분 좋은 일이지만 그래도 누구나 고개를 끄떡일 수 있는 각 분야에서 타의 추종을 불허하는 사람이 돼야 하지 않을까? 듣고 보는 국민이 피곤하지 않게 말이다.

 인터넷, 여러 TV 예능 프로그램, 유튜브 등에서 쓰는 단어들이라 가볍게 재미로만 받아들여야지 표준화된 단어로 사용하기에는 부적절하다.
 치열한 경쟁이 펼쳐지는 대중매체 세계에서 더 자극적이고 흥미를 끄는 첨단(?)의 단어가 훨씬 흡수력이 빠르고 효과적이지만 영원한 진리인 '과유불급', 지나치지 않는 수준에서 절제 있게 써야 하지 않을까?

기억 앞에 겸손하자

부제: 적자생존?

한자 '적자생존'은 '적는 자가 살아 남는다'는 뜻이라고 한다. 원래의 의미와 전혀 다른 농담으로 하는 풀이지만 그만큼 메모의 중요성을 강조하는 말이다. 메모하는 습관은 아무리 강조해도 지나치지 않은 좋은 습관임에도 전직 대통령 한 분은 메모를 너무 꼼꼼히 해서 '수첩공주'라는 별로 달갑지 않은 별명을 얻기도 했다.

나는 군 생활 할 때와 신입사원 시절 선임과 상사의 지시사항을 메모하지 않아 호되게 꾸지람을 받은 적이 많았다. 남보다는 기억력이 좋다는 나만의 과도한 신념이 메모를 게을리한 이유였고 일종의 기억력에 대한 철통같은 자아도취에 빠져 있었다.

대학 다닐 때도 강의 시간에 교수님의 강의 내용이 책에 거의 있어 달리 노트에 메모하지 않았다. 같은 과 친구는 교수님의 농담까지 빼먹지 않고 노트나 교과서 여백에 시력 2.0인 사람이나 읽을 수 있는 작은 글씨로 개미들이 모여 운동회 하는 것처럼 빼 곡이 적었다. 시험 기간에 친구의 노트를 빌려 볼 때면 기가 막힐 정도의 메모 습관에 감탄하기보다는 덩치가 컸던 친구가 그렇게 작고 좀스럽게 보일 수가 없었다.

학기 말 현미경으로나 해독 가능한 깨알 메모는 친구에게 장학금이라는 빛나는 보상으로 금의환향했고 나는 등록금을 기한 내에 착실히 납부해 그 친구의 장학금 조력자로 당당히 이름을 올렸다.

사회생활을 하면서도 메모하지 않는 습관 때문에 상사로부터 미움을 많이 샀다.

아인슈타인의 근처에도 못 가는 형편없는 뇌세포의 사용용량을 가졌음에도 회의내용이나 업무지시를 메모하지 않는 똥배짱을 부렸다. 그것은 기억력에 대한 비합리적 과신으로 착각과 자만의 환상적 어울림이었다.

사람의 기억력은 한계가 있어 시간이 지나면 소임을 다하고 뇌 속에서 사라져 흔적을 찾아볼 수 없는 속성이 있다. 며칠 전 중요업무 사항에 대한 기억이 정확지 않아 상사의 질문에 대답을 못 할 때마다 상사분들이 하는 말, "메모 좀 해! 너, 윤 슈타인이니? 슈퍼 컴퓨터처럼 기억력이 그렇게 좋아?"

역정을 내셨다. 메모하는 것은 싫었지만 상사와 갈등을 피하려고 작전상 메모하기 시작했다.

인간의 기억은 완전하지 않고 감정에 따라 경험과 기억이 달라진다고 한다. 감정이라는 생각에 기억을 억지로 꿰맞추는 식이다. 분명히 기억하는 일의 날짜, 사람, 장소, 업무 내용을 확인해보면 이상하게 틀리는 경우가 의외로 많다. 뇌가 편리에 따라 스스로 기억을 날조한다는 말을 뒷받침하는 것이다.

미국 심리학자 엘리자베스 로프터스 교수는 '기억은 식품처럼 세월이 지나면 오염되고 부패하여 원형이 제대로 남아있지 않다'라고 했다. 사람마다 세월의 길이가 다르지만 어떤 내용을 적어 놓지 않고 기억에만 의존하면 그 기억은 오염되어 전혀 써먹을 일이 없게 된다는 것이다. 그래서 사람은 기억 앞에 방정 떨지 말고 한없이 겸손해야 한다.

메모의 무서운 힘을 알고부터는 남보다 메모를 더 꼼꼼히 한다. 핸드폰에 일정을 넣는 노트 기능이 있지만 책상에 있는 탁상 달력에도 함께 기록해 놓는다. 핸드폰에 문제가 생겼을 시 비상용이다. 하다못해 매일 산책한 시간이나 걸음 수, 약속이 있었다면 장소, 만난 사람 이름까지 달력 여백에 모두 적어 놓는다. 한참 시간이 지나고 나면 그 약속의 한 부분을 반드시 알아야 할 필요가 있을 때 그 메모가 결정적 도우미가 된다.

오래전 직원에게 돈을 빌리고 며칠 후 갚았는데 한참 지난 후 그 직원이 돈을 갚아 달라고 하기에 달력에 써 있는 갚은 날짜와 시간을 보여주니까 매우 난처한 표정을 지으며 미안하다고 사과한 적이 있었다. 메모해 놓지 않았다면 돈의 액수를 떠나 서로 난감한 상황이 될 뻔했다.

기억은 일정한 유효기간이 지나면 대부분 폐기되지만 메모한 종이는 버리거나 태우지 않으면 영원불멸 남아있다.

발명왕 토머스 에디슨은 자신이 직면한 문제와 관련된 사실을 빼놓지 않고 채워 놓은 노트 2,500권을 유품으로 남겼다고 한다. 그 메모의 열정이 지금 우리 삶을 문명의 혜택 속에 살게 해주고 있는 은인이다.

역시 모든 불편을 감수하고 한 자 한 자 시시콜콜한 것까지 정성을 다해 600여 년 동안 왕실의 모든 일과 법령 사건 등을 기록해 놓은 조선왕조실록은 기록의 위력을 극명하게 보여주는 문서다.

선조들의 적자생존(?) 정신의 산물인 조선왕조실록이 세계기록유산으로 등재된 덕분으로 우리가 문화유산 선진 국민으로 자부심을 갖는 것을 보면 메모가 결코 가볍지 않은 그 어느 것보다 우선하는 위대한 생활 습관임에 틀림없다.

同床異夢

부제 : 헬리콥터 부모

   고등학교 3학년 자녀를 둔 지인들이 자녀와 대학 입학 문제로 골머리를 앓는 것을 보며 자녀와 부모 사이에 좁히기 힘든 생각의 차이가 있음을 절실히 느낀다.

   갈등 대부분은 부모가 원하는 대학과 학과에 자녀가 응시를 거부하고 합격 가능성이 높지 않은 본인이 원하는 대학을 선택하는 데에서 시작된다. 부모 입장에선 자녀의 그런 태도가 무모하게 보여 영 마음에 들지 않는 것이다.

   차이라면 부모는 자녀가 무난하게 합격해 재수하지 않는 평탄한 길을 걷는 안전 위주 대학 진학이라면 자녀는 합격을 확신하진 못하지만, 원하는 대학의 문을 두드리는 '도전해서 청춘이다'라는 젊은이다운 기상이라 할 수 있다.

   연초 입시철마다 부모와 자녀 사이에 벌어지는 고질적인

신경전이다. 예나 지금이나 강도의 차이는 있지만 변하지 않는 대학입시의 전형적인 풍속도다.

세상에 자녀가 행복하지 않기를 바라는 부모 없듯 자신이 행복하지 않기를 바라는 자녀 역시 없다. 단지 서로 추구하는 행복의 방향성과 정의가 달라 부모 자녀 사이에 메꾸기 힘든 틈새가 생기게 되는 것이다.

"자녀들이 원하는 대로 해주세요. 그들의 인생이잖아요." 책에 나오는 멋진 대답을 내가 책임질 의무가 전혀 없는 지인이나 앞집 부모, 뒷집 부모에게 해 줄 수 있는 말이지 내 자녀에게 부모로서 해주기는 결코 쉽지 않은 말이다.

부모가 생각하는 자녀의 행복 필요조건은 보편적 가치의 성공이고, 성공은 행복으로 가는 연결 통로라는 확고한 신념이다.

내 주위를 돌아보면 성공한 사람이 행복하지 않을 수 있고 행복한 사람이 성공하지 못할 수도 있다. 성공이 구체화된 외형적 개념에 가깝다면 행복은 추상적인 내면의 개념이기 때문이다.

사회적으로 대단한 성공을 거둔 사람이 극단적 선택으로 많은 사람들을 충격에 빠트리는 뉴스를 가끔 접한다. 반대로 처한 상황으로 볼 때 행복할 이유가 전혀 없는 사람이 '저는 지금 무척 행복해요'하며 얼굴에 쓰여 있는 사람도 있다. 행복은 논리적으로 해답을 찾을 수 없는 극히 개인적인 마음의 소리이기 때문이다.

헬리콥터 부모라는 말이 있다. 아이에게 언제나 잔소리하고, 학교와 교사에게 간섭하는 부모로서 자녀에게 항상 참견하여 자녀를 '마마보이'로 만드는 부모를 말한다.

1991년 《뉴스위크》의 네드 제먼이 처음 소개한 단어로 자녀를 늘 부모의 통제망 안에 두기를 원해 헬리콥터처럼 자녀들의 모든 움직임을 일일이 감시하는 것을 의미한다. 오죽하면 성인이 될 때까지 헬리콥터 간섭을 받은 자녀가 대학 졸업하고 대기업에 취업하자마자 하는 말이 "나 이제 다음은 무엇해야 돼?"하며 어머니에게 물어보았다고 하는데 정말 그럴까 싶다. 자녀 본인이 자신의 문제를 스스로 결정하지 못하고 오히려 두려움을 느껴 부모 결정 '무작정 따라하기'를 한다는 것이다.

몸은 자라 성인이 됐지만, 생각이 자라지 못해 아직도 부모에게 정신적 독립을 못 한 자녀다.

가장 흔한 예는 자녀가 일류 대학을 졸업하고 대기업에 입사하거나 고급공무원이 되거나 전문직 같은 고소득과 안정적인 직업을 가져 좋은 집안의 배우자를 만나 결혼하는 것으로 자녀의 일차 행복 조건이 완성된다. 대한민국 부모가 생각하는 가장 이상적인 자녀 행복 방정식이다.

여기서 끝나면 좋은데 그다음은 자녀의 2세에 대한 설계까지 해준다. 하나를 낳으니 둘을 낳으니 아들딸 숫자에 성별까지 지정해준다. 역시 헬리콥터 부모다운 모습이다. 자녀를 공장에서 찍어 내는 공산품도 아닌데 어떻게 부모가 원하는 대로 자녀 성별과 수를 정확하게 낳을 수 있을까? 우리나라 모든 아기 출산을 책임지고 있는 삼신할머니에게는 월권행위고 도저히 용납할 수 없는 일이다. 의외로 2세 문제로 시댁과 갈등을 겪는 젊은 부부들이 많다.

집을 지을 때 기초가 되는 설계도처럼 자녀 가정의 모든 것을 부모가 설계해 준다. 부모는 '행복'이라는 절대 목적지를 자녀에게 안내하는 인간 네비게이션이다.

한편 자녀에게 일체 간섭하지 않는 자유방임주의 부모들도 꽤 있다. '어느 쪽 부모를 가진 자녀들이 더 행복할까?'라고 묻는다면 서로 생각하는 행복의 조건이 달라 선뜻 답이 떠오르지 않는다. 책에 나오는 정답은 뻔하지만, 실생활에서는 대답이 얼마든지 달라질 수 있기 때문이다.

다만 부모와 자식 사이 행복의 기준에 대한 갈등을 줄이는 상호 윈-윈하는 비결이라면 총론인 '우리 행복하자'까지만 자녀에게 강조하면 끝이다. 그 이후는 자녀가 원하는 행복의 방식으로 살게 묵묵히 지켜보면 된다. 자녀들은 부모의 일방적인 행복 추구 강요가 아닌 정서적 지지와 따뜻한 격려의 말

한마디를 원한다.

   이 지점에서 마침표를 찍어야 하는데 이어지는 부모의 다음 말이 자녀에게는 참견과 부담으로 돌아와 반복하게 되는 각론이 말썽꾸러기다. 항상 되풀이되는 "너희들이 행복 하려면 오래 산 부모의 말을 따라야 해."하는 말이 덧붙여진다. 자녀의 행복을 위해서가 아니라 자녀를 통한 부모 자신들의 보상심리와 행복 추구가 아닌가 싶다.

   부모는 자녀의 인생 항로 네비게이션 스위치를 자녀에게 넘기고 헬리콥터도 운행을 정지해야 한다.

   자녀는 내가 원하는 의지대로 입력만 하면 오차 없이 움직이는 컴퓨터나 로봇이 아닌 사고(思考)를 장착하고 이성으로 움직이는 인간이기 때문이다.

   부모들의 대표적인 영원한 어록 '너의 행복을 원하는 부모의 마음'이라는 설득력이 떨어지는 공허한 말만 되풀이 안 해도 괜찮은 부모 축에 든다.

   헬리콥터를 띄우지 않는 50점 정도의 부모라면 어떨까? 나머지 50점.은 자녀들의 의지대로 행복이라는 그릇을 채워 넣을 수 있게 과감한 권한 위임을 하는 것이다.

   2500년 전 공자는 자녀교육에 대한 철학을 헌문(憲問)편 8장에서 애지능물노호(愛之能 勿勞乎)라 했다. '자녀를 사랑한다면 고난을(수고로움을) 경험하게 하라' 즉, 자식을 위해 모든 것을 대신해주지 말고 스스로 깨우치도록 하라는 의미다. 무덤에 누워있는 공자가 대한민국 헬리콥터 부모에게 주는 자녀교육의 황금법칙이다.

  사고뭉치 자녀도 최소한 부모의 마음을 헤아릴 줄 아는데 보통의 자녀라면 더 말할 필요가 없다. 일단 고통이 따르더라도 자녀를 믿고 지켜보는 수밖에 달리 뾰족한 방법이 없다는 것이 나의 솔직한 심정이다. 그래서 가장 어렵고 힘든 농사가 자식 농사라고 하지 않는가?

치아로

무덤을 파지 마세요

인간의 3대 욕구는 보통 수면욕과 성욕 식욕이라고 한다. 다른 것은 그럭저럭 참을 수 있지만 인내하기 정말 어려운 것이 식욕이다. 미식가도 아니면서 순간적으로 어떤 장면이나 그림을 보면 관계사고가 발동해 연관되는 음식이 눈앞에 군침 돌게 한 상 차려진다.

오늘 저녁 갑자기 유투브를 보다 간 자장이 먹고 싶었다. 자장면을 좋아하지만 기름진 중국요리를 먹으면 소화가 잘 안되 가능하면 피하고 정 먹고 싶으면 자장라면을 반 개 끓여 먹곤 한다. 그것도 한 달에 한 번 정도. 한 개를 끓여 먹으면 소화시키느라 거실을 30분 이상 왔다 갔다 왕복운동을 해야 뒤탈이 없다. 아내는 내가 정신이 가출한 사람처럼 보인다며 먹지 말라고 성화다. 그렇지만 유투브가 존재하는 한 어림

없는 소리다.

  나의 잠재된 식탐을 여지없이 깨우는 것이 먹방(먹는 방송) 유투브다. 유투브 먹방 중에 내가 가장 좋아하는 유투브가 있다. 전국에 있는 식당 중에 중국집을 찾아 다니며 자장면이나 탕수육, 간 자장, 볶음밥을 소개하고 평가하는 방송이다.

  오늘은 서울의 노포 중국집 간 자장을 소개하는 방송이었다. 오래전 중국집에서 파는 간 자장에는 반드시 계란 후라이가 면 위에 살포시 얹혀 나왔다. 자장소스와 계란후라이의 만남은 어느 노래제목에 있듯 끊을 수 없는 두 연인의 천상재회(天上再會) 같은 환상의 맛이었다. 주방장의 현란한 웍의 손놀림에서 튀겨진 계란후라이의 노릿한 표면에서 흐르는 빛나는 기름기를 보는 순간 내 가슴속에는 행복호르몬 '엔도르핀'이 폭포처럼 쉴 새 없이 흘러내리며 홍수가 날 지경이었다. 침샘이 아닌 정신적 뇌샘이었다.

  그 노포에서도 간 자장에 계란후라이를 얹혀주었다. 내가 중학교때 마지막으로 계란후라이가 나오는 간 자장을 먹어본 기억이 있다. 먹어 본 사람만이 그 맛의 오묘함을 공감할 수 있다. 집에서 자장라면을 끓여 먹으면 반드시 계란후라이를 얹혀 먹는다. 바로 내 식탐이란 과녁에 계란후라이란 이미 시위를 떠난 활은 엎질러진 물을 담는 것보다 원위치 시키기가 더욱 어렵다.

먹방의 참을 수 없는 유혹으로 아내에게 중국집에서 간 자장을 배달시켜 먹자고 했고 아내는 저녁식사 준비라는 주부의 고된 근로 의무를 면제받는 상생의 차원에서 흔쾌히 네 제안에 찬성했다.

유튜브 먹방은 중독성이 워낙 강해 외면하기가 보통 어려운 게 아니다. 먹방이 유튜브 프로그램 중에서 가장 많은 이유다. 조회수와 구독자수 '좋아요'도 정치 유튜브와 함께 1,2위를 다툴 만큼 인기가 엄청나다, 아마도 말초적 본능 중에 식욕이 단연 강해 그런 모양이다. 오죽했으면 '먹방은 한국의 푸드 포르노다' 라고 미국 블룸버그 통신이 평가했다고 한다.

먹방 덕분에 하는 과식의 가장 큰 폐해는 나의 경우 잘 조절되고 있는 혈당을 올리는 일이고 원하지 않는 체중을 늘리는 것이다 누구나가 건강과 장수에 가장 큰 장애물은 눈과 혀에 매력적으로 다가오는 산해진미의 유혹이다.

최장수 국가인 일본인들의 식생활을 보면 채소 섭취, 규칙적인 운동 등 장수의 여러 이유가 있지만 가장 큰 비결은 바로 소식이다.

'접시가 가벼울수록 명(命)줄이 길어진다' 란 말이 있듯 뷔페사장님에게는 미안하지만 과식의 첨병은 단연 뷔페식당이다. 많이 먹는 사람은 접시가 최소한 다섯 개 이상 열 개까지 돼서 과장하면 동네 야산 높이다.

벤져민 프랭클린은 '못 먹어 죽은 사람은 적지만 많이 먹어 죽은 사람은 많다'고 했고 미국의 3대 대통령 토마스 제퍼슨은 '먹보는 치아로 무덤을 파는 사람이다'고 무절제한 음식섭취의 피해를 소름 끼치게 표현했다.

식도락이 삶의 즐거움 중 하나인 것은 분명하지만 단명하면 즐기고 싶어도 무덤속에서는 즐기지 못해 무슨 소용이 있을까?

소식으로 건강한 장수와 식도락을 함께 누리면 일석이조지만 먼저 해야 할 일은 눈이 우선 인내를 해야 하고 다음순서가 입을 과식의 유혹으로부터 다물게 만들어야 한다. 물론 참 어려운 일이지만!

입사는 옵션

이직은 필수

   친척과 지인 자녀들이 여러 이유로 직장을 옮겼다는 소식을 들으면 능력이 대단하다 란 생각이 드는 한편 이직을 밥 먹듯 하는 그들이 기성세대와 다른 직장관에 놀랍기도 하다.
   젊은이들이 원하는 직장은 연봉이 많거나 복지가 좋고 근무시간이 빡빡하지 않으며 아침 9시 출근 오후 6시 칼퇴근이 보장되는 곳이다. 퇴근 후 여가시간을 충분히 즐길 수 있도록 연장근무나 휴일 근무와 담쌓는 착한 직장이다. 워라벨(Work and life balance), 즉 일과 삶의 균형이 가능한 직장이다. 덤으로 미래 비전이 찬란하진 않아도 우중충하지 말아야 하며 경력 쌓기가 좋은 이력서가 예쁘게 보이는 직장이다.
   직장인 10명 가운데 7명이 이직을 고려한다는 여론조사가 있다. 입사는 옵션이고 본인이 원하는 근무조건에 적합한 직장으로 이직하는 것이 필수가 되었다.

고용보장, 급여, 복지후생이 일반직장보다 나은 꿈의 직장인 공무원, 공사, 대기업, 유명 IT 기업에 근무하는 직장인들도 마찬가지라고 한다. 엘리베이터식 이직이다.

중년 세대 직장관은 입사는 곧바로 정년퇴직을 의미했다. 평생에 이력서를 두 번 쓰지 않는 것이다. 큰 잘못을 저지르거나 회사가 도산하지 않으면 한 번 입사, 한 번 퇴직이 직장생활 방정식이었다. 이직은 진보성향(?)의 직원이나 대체하기 쉽지 않은 특수전문직종의 직원이 스카우트되는 경우를 제외하곤 제한적이었다.

중년 세대는 다니던 직장을 어떤 이유 든 그만두게 되면 당장 큰일 나는 줄 알았다.

나도 한창 몸값이 나가던 30대 중후 반 헤드헌터의 소개로 재직하던 회사와 비교가 안 되는 파격적인 조건을 제시하는 타 회사 면접을 몇 번 봤다. 다행히 실력이 안 돼 옮기지 못했으나 한 곳은 합격이 돼서 옮기려 했지만, 아내가 지금 다니는 회사 그만두면 자기도 나와 맺은 무기(無期) 결혼계약을 파기하겠다고 생난리를 치는 바람에 일생일대의 한 번 있을 법한 이직의 로망을 접었다.

지금 생각해 보면 그때의 결정이 최선까지는 아니었지만, 정략적 차선책은 충분히 된 듯싶다.

사실 한 직장에서 정년을 맞이하기란 지금은 거의 기적에 가까운 일이다. 타면자건(唾面自乾-남이 내 얼굴에 침을 뱉으면 침이 저절로 마를 때까지 기다린다는 뜻)과 같은 인내심을 가졌거나 신의 경지에 이른 능력이 있다면 몰라도 말이다.

회사 조직은 장기근속 직원들에게는 상당히 냉혹하고 불친절하다. 특히 배 나오고 검은 머리가 파뿌리가 된 중년 직원들이 책상에 앉아 있는 것을 보면 참지 못하는 심보를 가지고 있다. 경영진은 하는 일 없이 월급만 축내는 월급 루팡 정도로 그들을 생각하기 때문이다.

취업규칙이나 단체협약에 정년이 보장되어 있지만 문구로써만 효용가치가 있을 뿐 실행되기는 무척 어려운 게 현실이다.

어느 회사 회장이 첫날 신입직원 오리엔테이션에서 "우리 회사는 본인만 원하면 70세까지도 일 할 수 있습니다. 고용불안을 갖지 마시고 열심히 일해 주십시오." 하고 말했다는데 50세가 넘은 직원은 자신인 회장과 아들인 사장 두 명뿐이라는 재밌는 이야기를 들으며 배꼽을 잡은 일이 있다. '본인만 원하면' 이 아닌 '회장과 사장이 원해야만'이 정확히 맞는 표현이다.

요즈음 직장인들은 50세가 되면 현실적으로 직장을 떠나야 하는, 야구로 말하면 9회 말 투 아웃 상황이고 축구로 말하면 후반전이 다 지나고 추가시간이다. 평생직장은 온데간데

없이 사라졌고 평생 직업만이 존재하는 세상이다. 타 회사가 더 나은 급여와 근무조건으로 손짓하면 떠나가는 연인처럼 재직 중인 회사를 뒤도 돌아보지 않고 바람처럼 사라진다.

내 주위에 있는 30~40대의 후배나 지인들을 보면 5년 이상 한 직장을 다니는 사람을 찾아보기 힘들다.

나는 휴무인 주말이나 공휴일에도 회사에서 급한 전화가 오면 즉시 받았다. 하지만 젊은 직장인들은 받지 않는다고 한다. 프랑스에서 2017년 1월 1일부터 발효된 법안인 '연결되지 않을 권리(Right to disconnect)'를 톡톡히 누리고 있다. 말 그대로 퇴근 시간 이후에는 회사와 상사에게 업무적으로 연결되지 않을 권리를 법적으로 보장받은 것이다. 사장님에게는 약 오르는 일이지만 결국 갈 수밖에 없는 바람직한 길이고 직장문화다.

구세대의 직장인들은 365일 연중무휴 밤과 낮, 직장과 집 어디에 있든 항상 on이었지만 지금 젊은 세대는 직장에서 근무하는 8시간만 on이고 나머지 시간은 회사와 분리된 off고 check out이다.

옛날처럼 인간의 수명이 70세 전후라면 그나마 다행인데 지금 장례식장에 가 보면 고인들의 나이가 대부분 90세가 넘는다. 50세에 안정된 수입이 보장되는 직장을 반강제적으로 나오게 되면 공적 사적연금이 있지만 노후를 위해 최소한 10년 이상을 어떤 일이든지 해야 한다. 해는 서산에 뉘엿뉘엿 넘어가고 갈 길은 멀고, 일모도원(日暮途遠), 정처 없는 나그네 신세다.

　며칠 전 집에 수도와 난방에 문제가 생겨 아파트 상가에 있는 집수리 가게 사장이 와서 고쳐 주었다.
　50cm 길이 파이프 두 개만 교체했는데 수리 비용으로 30만 원을 지불했다.
　물론 그 사장의 기술 노하우는 돈으로 계산할 수 없는 무형의 가치지만 잘 모르는 나는 덤터기를 쓴 기분이었다.
　아들이 이직하기 위해 이력서를 열심히 쓰고 면접 보러 다니는 것을 보며 일찍부터 아들에게 기술을 가르쳤다면 평생 직업을 가질 수 있지 않았나 후회할 때가 있다.
　역시 'if'라는 단어는 영어시험에 나오는 가정법이지 실생활에서는 가슴만 쓰릴 뿐 전혀 도움이 되지 않는 허공 속의 신기루 같은 단어다.
　사장은 직원이 그만두지 않을 만큼만 월급을 주고 직원은 해고되지 않을 만큼만 일한다지만 앞으로 사장님들은 직원에게 연장근무나 휴일 근무를 강요하지 말아야 하는 어려운 숙제를 안게 된 세상이다.
　MZ세대에게 조용한 퇴사(Quiet Quitting)란 신조어가 유행이라고 한다. 직장을 실제 그만두진 않지만, 자신이 맡은 최소한의 업무만 처리하는 행위라고 한다. 젊은이들의 직장관을 단적으로 보여주는 단어다.

 돈을 받고 일하는 근로자와 월급을 주는 경영주 둘 다 만족하고 상생하기 위해 마치 톱니바퀴가 물려 돌아가듯 세상이 변하는 만큼 속도 조절을 서로 잘해야 하는 지혜가 필요한 시점이 바로 지금이 아닌가 싶다.

소확행

    오늘은 두 가지의 소소한 행복을 만끽한 날이다. 전철에서 만난 어린 두 자녀의 어머니와 어느 생맥줏집 사장님 때문이다. 비상식적으로 험하게 돌아가는 일이 많은 세상이니 조금만 가슴에 울림이 있는 일이 큰 파장의 감동으로 다가온다. 일상 속 늘 발생하는 평범한 일이고 별것 아니라면 아니지만 어쩐지 특별하게 느껴 감성적 마음이 익어가는 모양이다. 세상이 오염되어 가는지 나 자신이 순수함을 잃고 부정적으로 변해가는지 소확행을 부쩍 느끼는 요즈음이다.

소확행 1

    지인 자녀 결혼식 참석을 위해 지하철을 타려고 집을 나섰다. 양복도 가장 좋은 것으로 골라 입고 머리도 단정하게 매만졌다. 양복 입고 외출하는 것이 드문 일이라 설레고 즐거웠다. 시골 사람이 모처럼 읍내 나가는 들뜬 기분과 같았다.

목적지로 가는 지하철을 갈아탔는데 억세게 운이 좋았는지 타자마자 자리에 앉는 호사를 누렸다.

네댓 정거장을 지나쳤을까 어린 남매를 양손에 잡은 여자가 내 좌석 반대편으로 탑승했다. 누나인 듯한 여자아이는 초등학생 정도 됐고 남자아이는 서너 살 돼 보였다. 남자아이는 흔들리는 전철 안에서 중심을 잡지 못하고 내 앞은 자리 앞에서 비틀거리며 왔다 갔다 했다. 보기가 딱해 일어나며 남자아이에게 "자, 여기 앉아."하고 자리를 내주었다. 아이는 신나서 앉았고 나는 전철 문 옆으로 가서 기대어 섰다. 하지만 아이 어머니가 나에게 고맙다는 인사를 하지 않아 조금은 섭섭했다.

몇 정거장이 지나고 내가 앉았던 좌석 건너편에 빈자리가 났고 그 아이 어머니는 재빨리 아이를 일으켜 세우며 그 자리로 가라고 손으로 가리켰고 바로 나의 소매를 손으로 스치면서 원래 내가 앉았던 자리에 나를 앉혔다.

사실 그 아이 어머니가 나를 계속 주시하는 것을 느끼고 있던 참이었는데 그제야 이 상황이 이해가 되었다. 내가 자리를 양보할 때 그 아이 어머니는 내가 다음 정거장에 내리는 걸로 알았던 것이다 그러나 내가 내리지 않고 계속 서 있는 것을 보고 마음속으로 무척 미안한 생각이 들었던 모양이다. 감사하다는 말을 하기에는 이미 기회를 놓쳤던 것이다. 내가 앉자 건너편에서 아이 어머니는 나에게 엷은 미소를 지으며 목례를 했다. 처음 자리를 자녀에게 양보했을 때 감사하다는 소리를 들었다면 천사의 미소와 말보다 더 무게가 느껴지는 목례를 내가 받지 못했을 뻔했다. 작은 착각이 나중에는 상대에게 더 큰 기쁨으로 되돌려줄 수 있다는 경험을 했다.

소확행 2

전철에서 있었던 즐거운 여운을 간직한 채 결혼식에 참석했다. 기분 덕분인지 피로연 음식이 맛있었다. 저녁 6시에 시작한 결혼식이라 끝난 시간은 8시가 조금 넘었다. 결혼식장인 호텔을 빠져나와 밖으로 나왔을 때 가랑비가 내리고 있었다. 전철역까지는 7~8분 거리여서 발걸음을 재촉했지만 비는 점점 굵은 빗줄기로 변해갔다.

친구와 비를 피할 겸 생맥줏집으로 들어가 한 잔 더하기로 했다. 우리처럼 비를 피하려고 들어온 손님들이 생맥줏집 안에 몇몇이 보였다. 한 시간쯤 지났을까 일어나도 집에 도착하면 11시가 넘는 시간이었다. 일기예보에 밤늦게 비가 온다고 해서 집에서 나올 때 아내가 우산 갖고 가라는 말을 무시하고 나온 게 화근이었다. 아내의 일그러진 얼굴과 비에 젖은 후줄근한 양복이 겹쳐지며 멀리 집으로부터 아내의 잔소리가 들리는 듯했다.

비를 맞더라도 더 늦기 전에 출발해야 할 것 같아 자리에서 일어나 계산대로 갔다. 계산을 마치자 생맥줏집 사장님이 "밖에 비가 억수로 오는데 우산 있으세요?" 걱정스럽게 물었다. 나는 전철역까지 2~3분이면 갈 수 있는 거리라 뛰어가면 된다고 하자 사장님은 "양복 입으셨는데 비 맞으면 안 되지요." 하며 계산대 구석에 있던 우산을 건네주었다. 나는 "제가 여기 자주 오는 곳이 아닙니다. 죄송하지만 근시일 내에 우산을 돌려 드릴 수가 없습니다." 하고 정중히 사양했다. 친구나 지인들과 주로 만나는 곳이 아니라 우산을 돌려주려면 시간을 내서 와야 하기에 쉽지 않았다. 게다가 편의점에서 파는 일회용 우산이었으면 양해를 구하고 받았겠지만, 고급 자동 우산이었다. 사장님은 쿨하게 "안 돌려줘도 됩니다. 그냥 쓰고 가세요." 하며 강제로 내 손에 우산을 쥐여 주었다.

맥줏집 사장님의 따뜻한 마음이 배어 있는 우산과 함께 무사히 귀가할 수 있었고 아내의 잔소리는 세차게 내리는 비에 씻겨 사라졌음은 물론이다.

아킬레스건

발뒤꿈치 바로 위에 있는 하나의 굵은 힘줄. 해부학적으로는 종골건(踵骨腱)이라 하고 하퇴(下腿) 뒷면의 장딴지에서 발뒤꿈치뼈(종골) 쪽으로 이어져 있는 힘줄로 발의 운동에 대단히 중요한 기능을 한다.

이름은 그리스 호메로스의 서사시《일리아드》에 등장하는 영웅 아킬레우스가 단 하나의 약점인 이 힘줄에 부상을 입고 쓰러졌다는 전설에 비롯됐으며 피부를 통해 만져지며 장딴지 근육과 종골을 연결하는 힘줄로서 몸의 힘줄 중 가장 강하다고 한다.

보통 치명적인 약점이나 결함을 비유할 때 많이 쓰는 표현이 아킬레스건이다. 내가 볼 때마다 스트레스를 받는 아킬레스건과 같은 영어단어가 있는데 바로 pull과 push다.

백화점이나 식당 문손잡이 위아래 또는 옆에 쓰여 있는 영어단어다. 갑자기 문 앞에서 이 영어단어를 보면 문을 밀어야 할지 당겨야 할지 머리가 띵 해지며 초등학생 영어 실력 수준이 된다. 나도 정말 이해하기 힘든 미스터리다. 요사이는 고맙게도 건물주들이 내 마음을 헤아려 주는지 문에 '당기세요', '미세요'라고 우리말로 친절하게 적어 놔서 감사하다. 이제는 두 단어에 대한 긴장감이 없어져 거의 극복했다고 볼 수 있다.

다음이 HOT이란 단어다. 거의 소멸될 듯했던 이 단어에 대한 트라우마가 오늘 어느 커피숍 알바생의 가슴을 후벼 대는 말 한마디에 부활절도 아닌데 부활했다.

1990년대 후반 대중음악계를 휩쓸었고 그룹의 한 멤버 이름처럼 가요계를 강타했던 남성 5인조 아이돌 그룹이 있었다. 당시 TV나 라디오를 켜면 그들의 노래가 광고보다 더 많이 흘러나왔고, 그들을 모르면 화성에서 왔거나 아프리카 오지에서 몇십년 살다 어제 막 귀국한 대한민국 국민이었다.

그룹의 이름은 H.O.T! 내가 이 그룹 이름에 지금까지 잊히지 않는 뼛속 깊이 박혀 있는 굴욕적인 사연이 꿈틀거리고 있다.

H.O.T.가 그룹 이름과 어울리게 뜨겁게 국내 가요계를 용광로처럼 달구고 시작했던 때였다. 조카들과 이 그룹 이야기를 하다 HOT를 이어 발음하며 '핫'이라고 불렀더니 조카들의 눈이 타조의 눈처럼 커지며 '핫'으로 읽는 게 아니고 '에이

치 오 티' 초등학생 아이들이 영어를 배울 때처럼 알파벳 한 자씩 따로따로 읽어야 한다며 나를 가르치려 들었다. 물론 각 알파벳 다음에 콤마가 있어 따로 읽어야 하지만 바쁜 세상에 한 단어로 읽은 것이라 설명했고 꼭 따질 일이냐며 삼촌의 개미 눈썹만 한 권위로 눌러 버렸다.

그 이후로 HOT라는 단어만 나오면 야릇하면서도 두렵기까지 한 감정이 들었고 그 후유증이 얼마나 강렬했는지 내 뇌리에 골치 아픈 알 박기 입주민이 되어 나도 모르게 '에이치 오 티'로 읽는 최면에 걸린다. 그래서 내가 가장 경계하고 식은땀 나는 단어가 바로 HOT이다.

오늘 또 한 번 이 단어에 대한 회색 추억이 나를 다시 강타했다. 테이블이 두 개 있고 커피를 포함해 여러 종류의 음료를 파는 집에서 가까운 작은 카페가 있다. 지나다니면서 많이 보았지만, 그 카페를 이용한 적은 없었다.

오늘 봄 날씨치고는 너무 더워 집에서 조금 먼 단골 커피숍 가기가 귀찮아 그 커피숍에서 커피를 포장해 가기로 했다.

입구에는 키오스크가 있고 안쪽 주방에서 음료를 만든다. 나는 동네에 커피숍과 식당에서 키오스크를 이용한 적이 많아 중년들의 아킬레스건인 디지털 기계에는 어느 정도 자신 있다. 그런데 워낙 여러 종류 음료와 케익을 팔아 이 가게 키오스크는 화면이 복잡해 사용하기가 다른 가게에 비해 무척 어려웠다. 거의 난수표 수준이었다. 여러 번 시도 끝에 아메리카노를 주문했는데 '따뜻한(HOT)' 버튼을 찾지 못해 한참 헤매던 중에 20대 초반으로 보이는 눈이 똘망똘망 하게 생긴 여자 직원이(아르바이트생) "따뜻한 커피세요? 아이스 커피세요?", 따뜻한 목소리가 아닌 찬바람 나는 질문에 "따뜻한 커피로 주세요."라고 대답했고, 그녀의 다음 말이 나를 완전히 멘붕에 빠트렸다.

"화면 제일위 오른쪽 끝에 에이치 오 티 영어로 쓰여 있는 버튼을 누르시면 돼요." 하고 약간은 짜증 섞인 목소리로 나를 몰아붙였다.

친절까진 기대하지 않았지만 적어도 보통 손님 응대 목소리로 그냥 '핫'이라고 했으면 괜찮았는데, 난청인 사람도 들을 수 있도록 또 박 또 박 알파벳 한 자 한 자씩 따로 크게 불러주는 그녀의 과도한 배려심이 오히려 나에게는 영어 HOT 스펠링도 모르는 중년의 아저씨가 된 기분이었다. 반격하기에는 이미 전의를 상실한 나는 정신이 완전히 방전되어 충전할 시간이 필요했다. 개미 목소리로 "예! 감사합니다." 하고 재빨리 커피를 받아 무슨 큰 잘못을 저지른 죄인처럼 밖으로 도망치듯 나왔다.

커피를 들고 집에 오며 나와 HOT은 전생에 나와 무슨 질긴 악연이 있기에 잊어버릴 만하면 다시 나타나 나를 강타할까?

누구나 약점인 아킬레스건 하나둘쯤은 있기 마련이고 그것으로부터 자유롭기는 말처럼 쉽지 않다.

나는 아킬레스건을 다른 말로 바꾼다면 의미가 조금은 다르지만 약점보다는 과장된 또는 근거가 부족한 두려움이라고 정의하고 싶다.

어차피 합리적인 근거와 실체가 없는 두려움을 대처하는 강력한 방법은 그냥 무시하고 넘어서는, 개의치 않고 신경의 스위치를 완전히 꺼 놓는 것이다.

두려움은 상상 속에서 무한정 몸집을 키우지만, 현실에서 내가 두려움에 참여하지 않으면 나에게 어떠한 영향도 끼칠 수 없다는 것만 인식하면 두려움과 영원한 이별은 예정된 수순임에 틀림없다.

효자손

젊었을 때 노인 분들이 효자손으로 등을 열심히 긁는 것을 이해하지 못했다. 왜 저렇게 등이 가려울까? 가려우면 아내에게 긁어 달라고 하면 되지 속옷만 입은 채 아름답지 않은 모습으로 긴 대나무인 효자손으로 박박 소리를 내며 등을 긁어야 하나? 나도 나이 들면 사람들이 보는 앞에서 채신머리 없이 저렇게 등을 긁을까? 먼 훗날이 되어야 알 수 있는 일이라 그들이 나잇값 못 한다고만 생각했다.

나이가 들면 유분이나 수분 함유량이 떨어져 젊은 사람보다 피부가 더 건조해지기 쉽고 유독 등 부위가 심하다고 한다. 다른 부위에 비해 피지 분비량이 떨어지기 때문이다. 등은 지방층도 거의 없어 표피가 얇아지는 증상이 빠르게 진행될 수 있어 노화를 가장 빨리 느끼는 신체 부위 중 하나가 바로 등이라고 한다. 나이가 주는 유쾌하지 않은 기념선물이다.

 오래 전 지방에 있는 유명 사찰을 방문했을 때 입구 기념품점에서 당장 필요도 없는 대나무 효자손을 하나 샀다. 특별한 이유는 없었고 밥주걱 목각인형 참빗 등은 필요한 것들이 아니어서 눈에 익은 대나무 제품 중 대표격인 효자손을 방문기념으로 산 것이다.

 누구나 여행 중에 관광지를 다니다 보면 뭐라도 하나 사야 직성이 풀리고 관광 온 인증이 되는 심리적 압박감을 받는다. 사긴 했지만, 그 효자손이 젊은 내 포동포동한 등을 긁을 일이 없었다. 가끔 참 교육용으로 아들의 손바닥이나 엉덩이를 강도 높게 긁어줄 때를 제외하곤 집에서 이리저리 차이는 길거리에 나뒹구는 빈 깡통 같은 신세였다.

 그동안 이사를 몇 번 해서 버릴 만도 한 대 반드시 챙겨갔던 것이 효자손이다. 나중에 사용할 의도는 없었고 단지 버리기 아까운 계륵과 같은 존재였다.

 아들이 성인이 되어 더 이상 교육용으로 사랑의 효자손이 용도폐기 될 때쯤 내 등이 아들의 손과 엉덩이 대신 자리를 잡았다.

 휴전선의 비무장지대와 같은 손이 쉽게 닿지 않는 등의 구석진 곳이 있기 마련이다. 그곳이 가려울 때 시원하게 긁어주는 것은 나이가 벌써 스무 살 성년이 되었고 한때는 잊힐 뻔했던 천덕꾸러기 효자손밖에 없다. 아내의 손이 있긴 하지만 시도 때도 없이, 특히 새벽에 등이 가려울 때 긁어 달라고 꿈나라에서 첫사랑 연인과 데이트하고 있을 줄 모르는 아내를 깨우는 것은 부부라도 예의에 어긋나는 일이다. 설령 깨서 긁어준다 해도 가려운 곳을 말로 표현하는 바람에 정확히 영점 조정과 강도 조절이 안 돼 100% 만족할 만큼 시원하지 않다. 마음 편히 눈치 주지않고 정확하게 긁어주는 것은 손으로 조종 가능한 효자손이 유일하다.

왜 효자손이라고 이름을 지었을까? 옛날에 아들이나 손주들이 아버지나 할아버지 등을 긁어주는 모습을 많이 보았다. 한 집에 3대손이 함께 살아 어른이 부르기만 하면 아들 손주들이 즉시 와서 긁어주던 시절이다. 그들에게는 어른들의 등을 긁어주는 것이 효도의 한 부분이었다. 효자손이 상품화되지 않았던 때라 긁어 줄 사람이 없으면 긴 곰방대로 힘들게 등을 긁는 노인들의 모습을 보곤 했다.

지금은 결혼한 자녀, 손주들과 함께 한집에 사는 부모와 조부모가 거의 없어 손주들 손이 바쁠 일이 없다. 이제는 알 것 같다. 아들 손주처럼 늘 곁에 있어 시원하게 등을 긁어 주는 '등긁개'라는 뻣뻣한 이름보다는 정감 가는 효자손이라고 지어준 이유를. 불평 한마디 없이 가려운 곳을 긁어 주기 위해 내 주위에 항상 묵묵히 대기하는 대나무 비서 효자손!

역시 사람은 삶의 패턴이 시대가 변해도 크게 다르지 않은 모양이다. 연령대에 맞게 남이 필요한 물건이면 내게도 나이에 맞게 필요한 물건이 된다는 것이다.

소용이 없을 것 같은 효자손을 잠잘 때 등이 가려워 일어나 찾는 불편함을 피하기 위해 항상 침대 옆 손 닿을 만한 거리에 두고 자니 말이다. 30년 전 나는 침대 옆에서 효자손과 동침할 줄 상상도 하지 못했다.

> PS : 얼마 전 동네에서 70대 후반쯤 되는 두 여자분이 하는 대화를 듣게 되었다.
> A : 지난번에 보니까. 너의 오빠 좋은 지팡이 하나 사드려야겠더라.
> B : 요사이 다리에 부쩍 힘이 빠지시는지 잘 못 걸으시네.
>
> 걷는데 지팡이가 필요 없고 등 긁는 효자손만 가끔 필요한 내가 아직은 신체가 정상영업 중이라 행복하다. 상대적으로 젊다는 반증이니까.
> 지팡이와 동행이 시작되는 시간을 최대한 늦추는 것이 내가 지금 할 수 있는 최선의 방법이 아닌가 싶다.

중간의 묘미

"이번에 성적이 또 떨어졌어."
"엄마 중간은 했잖아!"
"중간성적으로 인 서울 갈수 있어?"
"애미야! 중간은 했다잖니. 너무 애 닦달 하지마라."
"어머니! 애 자꾸 두둔하지 마세요. 이 성적으로 대학 못 가요!"

아파트 앞 길거리 정류장. 노란색 학원 버스에서 내린 학생과 다투듯 말하며 지나가던 세 사람의 대화내용을 얼핏 들었다. 고등학교 남학생과 어머니 그리고 70대쯤으로 보이는 수더분한 백발의 할머니가 출연진이다.

내가 먼저 앞을 지나쳐 가서 그 후론 어떤 대화가 오갔는지는 알 수가 없다. 어쩌면 자신들의 문제가 아닌 아들, 손자 성적으로 고부간 일 합을 겨뤘는지 아니면 서로 적당히 물러나 좋은 게 좋은 거라고 더 이상의 확전은 피했는지 궁금하다.

그 남학생의 아버지가 고등학생일 때 어머니였던 손자의 할머니가 지금처럼 중간을 외치며 남의 집 이야기하듯 관대한 모습을 보였을까? 인 서울이 아닌 인 대한민국 학교에 입학했어도 당시 어머니였던 할머니가 현재의 태도를 유지하고 만족했을까? 아파트고 대학이고 대한민국 사람들은 스케일이 훨씬 큰 인 대한민국 보다는 좁은 인 서울을 미치도록 흠모한다.

할머니 할아버지와 손주는 특별히 직접적 이해관계가 없는 서로 책임과 의무가 면제 되는 피 색깔이 엷은 사이다. 당구에서 말하면 쓰리 쿠션 관계다.

대한민국 사람들이 참 많이 사랑하는 말이 '중간'이다. "가만히 있으면 중간이나 가지." "빨리 승진하면 뭐해, 빨리 나가게 되는 거야! 대충 남들처럼 중간하면 되지." 중간에 대한 뿌리 깊은 사랑은 우리나라 사람들의 '침묵이 금'이라는 튀지 않는 민족성과 연관이 있지 않나 싶다. 물건 살 때도 양이나 크기 가격에서 "대충 중간 것으로 주세요." 한다.

현대의 치열한 생존경쟁에서 살아 남으려면 중간으론 많이 부족하다. 솔직히 사회는 2등도 기억을 못하는 건망증 환자인데 훨씬 뒤쳐진 중간에게 따뜻한 눈길을 줄 정도로 호의적이지 않다. 중간은 낙오자나 못난이의 대명사로 인식되는 게 현실이다. 하지만 삶에서 오는 지혜인지 경험인지 특히 나이 드신 분들이 '중간' 또는 '대충'이라는 단어를 즐겨 사용한다.

산전수전, 공중전, 지하전까지 두루 겪으며 살아온 사람들에게는 일등으로 가나 조금 뒤쳐지거나 할머니 할아버지 생각처럼 별반 차이가 없다는 삶에 대한 통찰력이 있다. 그 지혜가 젊은이의 가슴속으로 자연스럽게 녹아 드는 데는 나이 차이 만큼이나 시간이 오래 걸리게 되어 있다. 세월 속 삶에서 얻는 산경험이지 학교나 학원에서 학습으로 되는 것이 아니기 때문이다.

운전할 때 경험하지만 앞차가 지나가자마자 신호가 끊겨 횡단보도 앞에 정지하면 무척 약이 오른다. 몇 초만 빨라 지나갔어도 30초이상 정차하지 않았을 텐데 하며 아쉬워한다. 하지만 이상하게 다음 횡단보도 앞에 앞서갔던 차량이 정지해 있어 그 차 뒤에 정차하게 되면 어쩐지 기분이 좋다. 과정이 조금 빠르거나 늦어도 어떤 지점에서 서로 만나게 되어있는 게 우리 삶의 묘미다. 그래서 대충 중간만 하며 살아도 큰 문제가 없다고 느끼는 모양이다.

이름만 대면 알 수 있는 잘나가는 학교동창 몇 사람을 제외하면 명문대학을 나와 직장 생활을 하는 동창이나 그렇지 못한 대학을 졸업한 동창이나 생활형편에 큰 차이 없이 엇비

숫하다. 대학의 순위만큼 삶의 수준 차이가 나지 않는 것이 태반이다. 횡단보도 신호등 앞에 정차한 전 횡단보도에서 먼저 간 차와 같은 상황이다.

삶에서도 남과 부딪히지 않고 가장 편안하게 사는 것이 '중간'의 가성비 최고 처세술이다. 모난 돌이 정 맞는다고 가만히 있으면 비난 받을 일이 없다. 한 짓이 없으니 당연한 이치다. 역설적으로 시류에 휘말리지 않고 중간의 위치를 유지하는 것이 그래서 더욱 어렵다. 실생활에서 책임과 의무를 회피하는 인간최고 방어 수단인 침묵의 중간의미는 전혀 다른 이야기다. 그것은 무기력이나 무능력이지 진정한 중간의 의미는 아니다.

어떻게 보면 차이는 있지만 중용의 중도 한자로 가운데 中자다. 한 곳으로 치우치지 않는 한가운데 중용의 삶을 사는 것이 결코 쉽지 않다.

중간의 진정한 의미는 물리적 중간이 아닌 극단으로 한쪽에 쏠리는 것을 경계하는 것이다.

중간의 삶은 여유가 있고 안절부절하며 전기에 감전된 듯 찌릿찌릿 긴장하지 않고 살아서 좋다.

세상이 중간을 사랑하는 보통 사람들을 포용하는 너그러운 마음을 가져야 하는데 아직은 그런 눈치가 안보인다. 곧 비 전투적인, 좀 덜 똑똑한 사람이 살기에 힘들지 않은 세상이 오기를 기대한다. 그러기 위해선 우리사회가 경쟁사회가 아닌 더불어 사는 공존사회로 하루 빨리 옷을 바꾸어 입어야 하는데 아마 언젠가는 그런 날이 오겠지만.

정말 어려운

습관의 적응

사람은 절대 변하지 않는다고 한다. 아마 성격이나, 사고, 가치관을 말하는 것인데 덧붙여 생활 속 오래되어 굳어진 습관도 결정적인 계기로 충격을 받지 않는 한 바꾸기가 무척 어렵다. 힘의 원리로 정의하면 관성의 법칙 같은 것이다.

뉴턴의 운동법칙 중 제1 법칙인 관성의 법칙은 외부에서 힘이 가해지지 않는 한 모든 물체는 자기의 상태를 그대로 유지하려는 속성이 있다는 것이다.

삼국시대 신라가 삼국통일을 하는데 결정적 역할을 한 김유신 장군을 생각할 때마다 관계 사고의 산물로 관성의 법칙이 떠오른다.

바로 김유신의 애인 천관녀 때문이다. 김유신은 어릴 때부터 어머니에게 엄하게 가정 교육을 받아 언행을 조심했다. 어느 날 우연히 김유신이 기생집에서 하룻밤을 자고 왔는데 어머니가 불러 앉혀 놓고 방탕한 생활을 심하게 꾸짖었고 김유신은 어머니 앞에서 다시는 그 기생집에 출입하지 않을 것을 맹세했다.

하루는 김유신이 술에 취해 말을 타고 집으로 오는데, 말이 잘못 길을 들어 그 기생집으로 가게 되었다. 김유신이 자주 들리지 않는 것을 기생은 원망하면서도 오랜만에 보는 연인 김유신을 기쁘게 맞이했다. 김유신이 술에서 깨어 주위를 돌아보니 기생집이었다. 바로 말의 목을 베고 안장을 버린 채 서둘러 집으로 돌아왔다. 그 기생 이름이 천관이고 천관이 자기 집을 절로 만든 곳이 경주에 있는 천관사다.

김유신의 말은 관성의 법칙에 충실해 습관적으로 늘 가던 길을 따라 그대로 가게 돼 목숨을 잃게 된 경우다. 어찌 보면 말의 관성 '즐겨찾기'가 결국 '목숨 잃기'가 되어 슬픈 결말을 맞게 되었다.

관성의 법칙을 우리 생활에 적용해 보면 습관적인 행동의 반복된 결과로 나타난다고 할 수 있다.

습관은 오랜 기간에 걸쳐 몸에 그림자처럼 붙어 유지되어 온 것으로 몸에 정착하기에 시간이 걸리지만 일단 안착하면 고치거나 없애기가 무척 어렵다.

'습관의 힘(The Power of Habit)'을 지은 찰스 두히그는 '습관은 주어진 축복이기도 하지만 그에 못지않게 저주이기도 하다' 김유신의 말에게는 축복이 아닌 저주였다.

파스칼은 '습관은 습관이기 때문에 따르는 것이지 합리적이라든지 올바르다는 이유로 따르는 게 아니다.'라고 했듯 자연적인 행동양식이지 이성적 관점과 관계가 없다고 봐야 한다.

지난 월요일 이사를 했다. 떠나는 집에서 5년 이상을 살았다. 긴 시간은 아니지만 나도 어쩔 수 없는 변질된 관성의 법칙을 톡톡히 경험하고 있다.

같은 단지 같은 평형의 아파트로 이사해 모든 구조가 전에 살았던 집과 동일하다. 하지만 방이나 화장실 주방의 시설물이 내가 살았던 집과 약간씩 달랐다.

화장실 수건걸이가 이사 온 집에는 문 오른쪽에 있는데 살던 집은 왼쪽에 있었다. 세수를 하고 무의식적으로 왼쪽으로 몸을 돌리다 다시 오른쪽으로 방향을 튼다. 이런 곳이 꽤 있다. 주방의 싱크대 위치, 욕조 방향, 주방도구 위치 등 이사 온 지 일주일이 지났어도 변함없이 수정된 관성이 작동하지 않아 시행착오를 겪으며 짜증이 났다.

지난 5년이란 시간 동안 몸과 뇌가 익숙해 있던 시설에 새로운 변화의 적응은 시간만이 해결할 유일한 방법이었다.

생활 속에서 관성의 법칙이 적용되는 것이 의외로 많다. 주차할 때도 나는 항상 같은 장소에 한다. 늦게 귀가해 늘 주차하던 곳에 자리가 없어 다른 곳에 주차하면 다음 날 아침 차 빼는데 무척 고생한다. 관성적으로 발이 먼저 주차하던 곳으로 향한다. 비로소 그곳에 차가 없으면 그때야 알아차리고 기억을 더듬어 지난 밤 주차했던 곳을 어렵사리 찾아간다.

단골식당도 마찬가지다. 앉는 테이블 위치가 지정석처럼 항상 같다. 다른 곳으로 바뀌면 어쩐지 불편하고 낯설어 음식 맛이 떨어진다. 동네 커피숍도 늘 같은 테이블에 앉는다. 하물며 늘 앉던 테이블에 다른 사람이 앉아 있으면 다른 자리에 앉기가 꺼려져 근처 다른 커피숍으로 간 적도 있다.

아침 산책코스도 마찬가지다. 다른 코스로 바꾸려고 해도 영 몸이 말을 듣지 않는다. 반복에서 오는 익숙함과 안정감 때문이다.

2009년 런던대학교에서 '새로운 습관을 형성하기까지 얼마나 오래 걸리는가?' 하는 실험을 한 적이 있는데 66일이 걸린다는 결과가 나왔다.

이 실험대로라면 사람마다 약간씩은 차이가 있지만 새로운 행동양식이나 습관을 적응시키는데 최소한 두 달은 불편함을 감수해야 한다는 의미다.

사람은 변화를 싫어하는 게 아니라 어떤 것이든 변화를 요구받는 상황을 싫어한다는 말이 있다. 이래저래 관성을 깨는 것은 누구에게나 현실적으로는 힘들어 보이는 게 사실이다.

하지만 넓은 의미에서 관성을 깨는 노력이 있어 문명이 계속해서 발전하지 않나 싶다. 물론 내 개인의 삶도 마찬가지다.

정신적 어른이란

1. 하기 싫은 일도 기꺼이 해야 하는 사람
2. 듣기 싫은 말도 참고 들어야 하는 사람
3. 갈까 말까 할 때 갈 수 있어야 하는 사람
4. 하고 싶은 말이 있어도 하지 말아야 하는 사람
5. 주고 싶지 않지만 주어야 하는 사람
6. 싫어도 싫지 않은 내색을 지어야 하는 사람
7. 나보다는 남을 먼저 기꺼이 배려하는 사람
8. 말하기 전에 생각을 먼저 하는 사람
9. 화낼 때 화내지 않고 슬퍼할 때는 혼자 몰래 슬퍼하는 사람
10. 부끄러움과 옳지 못함을 알고 반성하는 사람
11. 기분이 태도로 나타나지 않는 사람
12. 어떠한 상황에서도 이성적 판단을 하는 사람

진정한 어른이 되려면 3치를 알아야 하고 행동으로 옮겨야 한다.

첫 번째 치가 염치다.

부끄러움을 알고 체면을 차리는 마음이다. 맹자의 사단에서 사양지심과 비슷하다. 다른 사람에게 겸손하고 양보하는 인간으로서 체면을 차릴 줄 아는 마음이다.

두 번째 치가 눈치다.

기회주의자의 생존을 위한 눈치가 아닌 남의 마음을 정확히 알아내서 행동하는 것이다. 사단에서 시비지심과 비슷하다. 옳고 그름을 판단하는 마음이라 할 수 있다.

마지막 세 번째 치가 수치다.

수치는 다른 사람들을 볼 낯이 없거나 스스로 떳떳하지 못함이다. 사단의 수오지심이다. 자신의 옳지 못함을 부끄러워하는 마음이다.

최소한 맹자의 사단을 가슴속 깊이 간직하고 행동한다면 정신적 어른임에 틀림없다.

사진의 배신

시간의 흐름 속에 내 육체의 노화를 확실히 자각시켜주는 것들이 꽤 많다. 건강검진표에서 매년 연봉 비율보다 더 올라가는 혈당, 콜레스테롤 수치, 늘어가는 흰머리, 소화능력의 저하, 거울 속에 비친 모습 등 여러 가지가 있지만 사진만큼 시각적으로 내 머리와 가슴을 강타해 내 신체의 현주소를 정확히 깨닫게 해주는 것도 드물다.

그런 면에서 사진은 고급스러운 표현으로 자아의 재발견을 해준 고마운 존재이고 부정적 표현으론 세월의 배신 인증서다.

책상이나 사진 앨범을 정리하다 보면 오래전 직원들과 함께 찍은 빛바랜 사진 몇 장은 나오기 마련이다. 그때마다 두 가지 생각이 몰려온다. 첫째는 여러 가지 이유로 내 곁에 있었던 소중한 사람들의 부재다. 고인이 되었던지 물리적으로 멀리 떨어져 있어 만날 수 없든지. 아니면 연락 두절이 되어 나와 '김치'하면서 다시는 사진 찍을 일이 없는 사람들이다.

두 번째는 내가 모르는 사이에 나이가 슬그머니 몸속으로 들어와 피부에 탄력을 도적질해가고 머리칼 색깔을 흰 물감으로 물들여 예전 젊음이 넘치는 모습은 온데간데없이 사라지게 만든 것이다.

"아! 나도 이럴 때가 있었구나?" 잊고 산 세월 속으로 더듬어 들어가 사진 속 과거의 나로 되돌아가 보는 추억여행을 하게 된다.

얼마 전 고등학교 동창 친구와 식사하다 40년 전 내 셋째 누님결혼식에 자기가 참석했다고 했다. 누님은 아산(온양)에서 결혼식을 올려 서울에 살던 그 친구가 누님 결혼식에 갈 수 있는 상황은 아니었다. 그 친구는 고등학교 친구 대표로 자기가 참석했으며 강남고속버스터미널에 서서 기념으로 나와 찍은 사진이 있다고 했다. 다음 날 아침 카톡으로 친구가 보내준 터미널 앞에서 둘이 찍은 사진은 소중한 추억의 아련함에 더해 너무나 변해버린 내 얼굴과 D자형으로 변한 몸으로 충격에 빠졌다.

사진 속 나는 굵은 검은 안경테를 쓰고 양복은 빌려 입은 것처럼 어색했으나 얼굴만큼은 팽팽한 20대초반의 풋풋한 젊은이 모습이었다.

 그 청년은 지금 어디서 무엇을 하고 있는지 알 수가 없고 책상 앞 사진액자에는 중년이 된 내가 나를 이방인처럼 노려보고 있다.

 강산이 몇 번 변했지만 이렇게 외형상 낯선 사람으로 변해 있을 줄은 나 자신이 인정 불가에 동의 불가다. 그 사진이 없었다면 40년 전 나는 주민등록에만 존재하는 실종자였을 것이고 과거 내 모습을 확인할 수 없었을 것이다. 학교 졸업 앨범에 사진이 있지만 모두 짧은 머리에 교복 입은 사진이라 별다른 감정이 들지 않는다.

 사진도 시대에 맞춰 많은 발전을 하는 바람에 지금은 스마트 폰으로 사진을 찍을 수 있지만 오래전에는 귀한 고가의 사진기에 필름을 넣고 찍었다. 다 찍은 필름은 사진점에 맡겨 사진으로 완성되는 인화 과정을 거쳐야만 눈으로 볼 수 있었다.

 소중한 사진인 경우는 필름이 사진으로 나올 때까지 무척 궁금했다. '잘 나왔을까? 제대로 찍었을까? 혹시 필름에 문제가 있지 않았을까?' 당시도 뽀샵이라고 하는 사진 수정과정이 있었지만, 생각보다 사진이 잘 못 나왔으면 실망이 컸다. 지금 스마트폰에는 여러 사진 수정기능이 있어 내가 좋아하는 스타일로 사진 성형을 얼마든지 할 수 있지만 당시는 사진이 나올 때까지 마냥 기다릴 수밖에 없었다. 그래서 인화지로 된 사진이 소중했고 앨범에 한 장씩 꽂으며 추억 만들기에 행복했다.

스마트폰에 저장된 사진은 마음에 안 들면 삭제하고 다시 찍어 저장할 수 있어 편리하지만, 인위적이라 순수한 맛이 없고 옛날처럼 사진점에서 사진을 찾아오는 즐거움과 긴장감이 없다.

앨범 속 사진은 물리적 시간의 색깔이 덧칠해져 신선한 맛은 없지만 그래도 묵은 지처럼 정답고 사진다움을 간직하고 있어 볼 때마다 감사하고 고맙다.

아침에 세수나 샤워할 때 거울을 보지만 그 모습은 현재의 나일 뿐 과거의 나는 거울 속에서 자취를 감추었다. 오직 오래전 사진으로만 나를 만날 수 있고 육체의 변화된 모습을 지금과 비교해 볼 수 있다.

오래된 사진을 볼 때마다 안타깝다. 나는 진시황도 아니면서 늙지 않는다는, 언제나 청춘이라고 착각 속에 살고 있어서일까? 서운하고 얄미운 배신의 화신 사진이지만 사실은 말없이 세월의 객관성을 냉정하게 가르쳐 주는 인생의 선생님이다.

눈에 보이는 모습은 그렇다손 치더라도 아직까지는 청춘의 뜨거운 열정과 설렘이 가슴속에 살아 숨 쉬고 있어 사진의 배신쯤은 가볍게 웃어넘길 수 있어야 하는데 정열이 몸보다 늘 뒤처져 오는 게 서글프다.

  배신의 화신을 만날 때마다 허무감을 줄이려면 육체는 세월과 타협하더라도 열정은 시간 앞에 굴복하지 않도록 영혼이 늘 감시하는 현명함이 필요하지만 세월 앞에 장사 없다는 말은 감정적으로는 인정하고 싶지 않다.

밤바다

낮 바다

    대중문화 매체의 영향력은 상상 이상이다. 전 세계 모든 나라에서 창궐해 우리 모두를 괴롭혔던 코로나바이러스 감염력보다 더 빠르고 넓게 퍼지는 것 같다.

    지난주 늦은 여름휴가를 여수에서 2박 3일 보내고 돌아왔다. 여행 떠나는 날 아침 혹시 휴가 중 아파트에 무슨 일이 생길까 경비아저씨에게 여수로 여름휴가를 갔다 오겠다고 신고하자 첫마디가 "여수 밤바다 잘 즐기고 오세요. 집은 걱정하지 마십시오." 하고 말한다.

    여수 하면 유명한 것이 여러 개 있다. 갓김치, 간장게장, 오동도, 돌산대교, 엑스포 공원 등. 하지만 여수 하면 첫 번째 자동적으로 나오는 단어가 열에 아홉 사람은 여수 밤바다다. 어느 가수가 불러 유명해진 노래 제목 '여수 밤바다' 때문이다.

밤바다는 어느 바다나 밤이 되면 다 밤바다다. 속초 밤바다, 부산 밤바다, 인천 밤바다,

포항 밤바다. 우리나라는 삼면이 바다라 도시에서 조금만 벗어나면 널린 게 바다다. 그렇다고 여수 밤바다가 다른 밤바다보다 비교할 수 없을 정도로 아름답거나 다른 특색이 있다고 생각지 않은데 노래 덕분에 여수바다 자신도 놀랄 만큼 유명해진 것이다.

속초 밤바다를 우리나라 최고의 가수가 불러도 여수 밤바다가 선점한 탓에 속초 밤바다는 어쩐지 김빠진 콜라 맛과 흡사하게 덤덤하게 느껴질 듯하다. 여수 밤바다가 고유명사가 되어 버린 느낌이다,

지인에게 여수 여행을 자랑할 겸 배가 여럿 떠다니는 대낮의 청명한 여수의 푸른 바다를 여러 각도로 열심히 찍은 사진을 카톡으로 전송했더니 밤바다를 찍어 보내라고 성화다. 여수 낮 바다는 보통의 다른 바다처럼 별 볼일이 없다면서. 밤바다를 찍으면 검은색의 먹지처럼 보여 바다의 참모습을 보기 어려워 생각해서 보내 주었는데 오히려 타박이다. 농담으로 낮 바다 사진을 선글라스 끼고 보면 밤바다가 된다고 했더니 박장대소를 한다. 결국 밤에 호텔 밖으로 나가 물도 제대로 보이지 않는 밤바다를 어렵게 찍어 보든 말든 지인에게 보내주었다.

평소에도 느끼지만 대중문화 매체의 생활 속 전염의 위력에 다시 한번 놀라움을 금치 못했다. 여수의 이미지를 단지 노래 한 곡의 제목으로 완전히 고착화시킬 수 있다니 경이롭다.

비슷한 예가 얼마든지 있다. '안동역에서'라는 노래도 마찬가지다. 안동은 하회마을이 상징적이지만 그것보다는 노래에 나오는 안동역을 직접 보고 싶어 10여 년 전 기차를 타고 안동역에 내려 역 앞 노래비 옆에 서서 마이크 대신 생수병을 들고 노래하는 것처럼 인증샷을 찍어 지인들에게 카톡 사진으로 보낸 적이 있다. 안동을 간 주목적이 안동역 앞 사진 찍는 것이었고 유네스코 지정 세계유산 하회마을 견학은 끼워 넣기였다.

천만 관객 동원 영화 '국제시장' 촬영 장소였던 국제시장 입구에 있는 '꽃분이네' 가게도 한때는 관광객이 찾는 부산의 명소 중 하나였다.

드라마 '이상한 변호사 우영우'에 나왔던 '소덕동 팽나무'도 같은 경우다. 실제 장소인 경남 창원 북부리 소재 팽나무를 보러 많은 사람이 아침부터 찾아와 마을이 들썩인다고 한다. 부작용으로 갑자기 유명세를 치르는 바람에 사람들이 몰려 주차와 쓰레기 문제가 골칫거리라고 한다.

드라마 촬영명소의 원조격은 정동진이다. 90년대 중반 선풍적인 인기를 끌었던 드라마 '모래시계'의 촬영 장소 정동진.

내가 꿈에 그리던 자가용차를 처음 사서 장거리 운전을 해서 간 곳이 모래시계가 있는 정동진이었다. 그때 정동진역에서 찍은 빛바랜 사진이 아직도 앨범에 당당하게 자리 잡고 있다.

과거로 거슬러 올라가면 강원도 평창의 봉평이다. 이효석의 단편소설 '메밀 꽃필 무렵' 배경지다. 여름이 지나고 가을 메밀꽃이 흐드러지게 핀 들판은 한 폭의 아름다운 수채화다. 이효석 문학축제도 있어 가을 정취를 느낄 겸 몇 번 가보았다. 들판을 걸으며 나와 아들은 달밤에 함께 걸어가는 허 생원과 동이로 잠시 빙의했었다. 사실 그 소설이 아니었다면 메밀꽃을 보기 위해 시간을 내서 봉평까지는 가지 않았을 것이다.

소설이나 영화 드라마, 노래에 등장했던 장소를 가보면 기대했던 것보다 실망하는 경우가 있다. 인증샷 한 장 찍기 위해, 또는 남들이 가니까 안 가보면 시대에 뒤떨어지는 것 같아 많은 시간을 들여 가는 것이 솔직한 심정이다. 일종의 포모(FOMO-Fear of Missing Out)증후군으로 남들 다하는데 혼자 뒤처질 수 없다는 전형적인 현대인의 불안심리가 어느정도는 작용을 한다. 하지만 나름 아름다운 '추억 만들기'와 문화의 향기를 맡기 위해 현장을 직접 둘러보는 것도 평범한 일상 속 색다른 기쁨이고 잠시나마 드라마, 소설의 주인공이 되 보는 상상을 해보는 것은 큰 행복이다.

바램이라면 그런 현상들이 지역경제에 도움이 되고 활성화

된다면 얼마든지 권장할 일이다.

나는 누가 뭐라 해도 가야 할 이유가 합리적이든 FOMO 증후군이든 직접 보고 느끼고 싶어 무리해서라도 가본다. 가보고 후회하는 것이 안 가보고 후회하는 것보다 훨씬 정신적 건강에 이롭기 때문이다.

여수 밤바다 앞에서 '여수 밤바다 노래한 소절을 부르며 앞으로 더 많은 여수 밤바다 사촌들이 나타나 모든 사람에게 즐거움과 행복감을 선사한다면 관광산업에도 효자 노릇을 하는 일석이조의 효과가 있지 않을까 싶다.

참 편한

편의점

타인과 원활한 소통에는 세 가지 필요충분조건이 있다. 그것 중 하나라도 충족이 되면 최소한 소통에는 큰 문제가 없다고 할 수 있다.

첫째는 한쪽이라도 공감 능력이 있어야 하고, 두 번째는 서로 환경에서 교집합이 있어야 하며 세 번째는 최소한 상대를 진심으로 이해하기 위한 끊임없는 노력이 있어야 한다.

중년 세대가 젊은이들과 격의 없는 대화나 소통은 말처럼 쉽지 않다. 거창하게 서로 가치관을 공유하는 것은 고난도의 좋은 소통 방법이지만 보통 사람으로는 어려운 일이다.

젊은이들의 소소한 생활 습관이나 방식만이라도 공감하거나 이해해 줄 수 있다면 그나마 다행이고 꼰대라는 중년의 꼬리표를 뗄 수 있는 최선의 방법이다.

그런 의미에서 편의점은 젊은 세대에게 없어서는 안 될 필수적인 장소이고 그들의 기호나 식생활의 단면을 쉽게 엿볼 수 있는 상징적인 곳이기도 하다.

얼마 전 '불편한 편의점'이라는 소설을 재미있게 읽었다. 베스트 셀러이기도 했지만 특이한 제목이 나의 독서욕을 부추겼다. 편리한 게 편의점인데 불편한 편의점이라니 내 호기심이 잠자코 있을 순 없었다.

문학 용어에 모순형용(Oxymoron)이란 게 있다. 상반된 어휘를 결합시키는 수사(修辭) 법이다. 용어가 의미하는 '똑똑한 바보', 작은 거인, 찬란한 슬픔 같은 표현이다. 이것에 딱 들어맞는 제목이었다. 이 소설로 내일 시험 볼일도 없는데 밤을 지새우며 완독했다.

스토리 전개는 내가 수면을 취하지 못하도록 방해했고 더 흥미를 느낀 결정적 이유는 편의점의 실체를 정확하게 알게 되었다는 사실이다. 특히 밤늦은 시간 편의점에서 일어나는 소시민들의 여러 사연은 마치 한 번도 경험해 보지 못한 신세계로 나를 데려다 주었다.

나는 평소에 필요한 생필품은 대형마트에서 구입해 편의점을 이용할 일이 거의 없다. 더군다나 도시락이나 김밥 컵라면을 즐겨 먹지 않아 더욱 그렇고 기껏해야 일 년에 한두 번 한여름 시원한 냉커피를 마시기 위해 들르는 정도다.

몇 년 전 아들이 삼각김밥을 보여주며 "아빠, 이 삼각김밥 뜯을 수 있어?" 물어 본 적이 있다. 그까짓 것 못할까 대답하며 뜯어보려고 하다 잘 안되 억지로 뜯다 삼각김밥의 예쁜 모양이 엉망이 되었다. 밥을 싸고 있던 김이 찢어져 밥알이 튀어나와 말 그대로 옆구리 터진 김밥이 되었다.

그때는 왜 김밥을 삼각으로 만들어 뜯기 어렵게 했을까? 사각이나 분식집에 파는 둥근 모양으로 만들어서 나 같은 편의점과 친하지 않은 사람도 쉽게 개봉해 먹으면 좋을 텐데 하고 의아해했다.

이 소설을 읽고 나서 삼각김밥 개봉사건이 떠올랐다. 간단한 김밥 포장하나 못 뜯으면서 젊은이들과 무엇을 소통하고 이해할 수 있을까 하는 생각을 했다.

소설 속에는 도시락 이야기도 나오는데 편의점을 지나치다 보면 창가나 편의점 앞 테이블에서 도시락과 컵라면을 먹는 젊은이들을 본다. 편의점에서 파는 도시락이 과연 맛이 있을까? 위생 면에서 괜찮을까? 하는 따지기 좋아하는 꼰대 마인드의 총아 '의구심'이 가슴의 문을 지키고 서 있었다.

편견과 추측이 아닌 편의점 도시락을 직접 먹어 보고 확인하고 싶었다. 드디어 지난 토요일 사우나를 하고 집에 오면서 매일 지나치며 눈맞춤만 했던 편의점에 들러 도시락과 삼각김밥을 사서 집에 와 아내에게 핀잔을 들으며 먹어 보았다. 한마디로 정의하자면 우리 둘, 나와 도시락의 '늦은 만남'에 후회했다.

만시지탄이라고 할까? 좀 더 일찍 편의점 도시락을 만났다면 내 입과 가끔 밀회를 즐기는 연인 사이가 되었을 텐데 말이다.

반찬 구성도 좋았지만, 맛이 일품이었다. 오래전에 친구가 "편의점 도시락 한번 먹어 봐 가격도 저렴하고 맛있어."하고 말했을 때는 귓등으로 듣고 흘렸었다.

왜 젊은이들이 컵라면, 삼각김밥, 도시락의 환상적인 조합으로 테이블에 앉아 정신없이 먹는 모습이 지금은 이해가 될 뿐더러 나도 그들에게 동참하고 싶은 충동을 느낀다.

오늘 저녁 끼니로 편의점 도시락을 세 번째 먹어보았다. 4,500원짜리였는데 돼지불고기가 주 반찬인 가성비가 높은 한 끼 식사였다.

젊은이들과 최소한의 소통은 어렵지도 멀리 있지도 않다. 삼각김밥 하나 편의점 도시락 하나 자연스럽게 그들과 불편을 느끼지 않고 함께 먹을 수 있다면 이미 반쯤은 소통이라는 문을 통과하고 있지 않나 싶다.

우선 편의점 방문부터 해서 괴리감을 없애고 그다음은 젊은이들이 많이 찾는 장소에서 먹거리를 직접 먹어 보는 것이다. 분명히 만족할 것이며 꼰대 청년으로 거듭날 것이다. 왜냐고? 내가 경험한 증인 이니까.

비난받을 과거를 만들지 마세요

기독교인이나 천주교인이 사망하면 '소천 또는 선종하셨다'라고 한다. 하늘, 즉 인간의 생사화복을 관장하시는 하나님이 하늘나라로 부르셨다는 의미다. 불교에서 스님이 돌아가시면 '입적'이라고 한다. 각 단어는 죽음의 뜻을 좀 더 격식 있고 위엄있게 하는 표현들이다.

종교인이 아닌 일반사람으로 아주 높은 지위에 있는 사람이 죽으면 '서거'라는 표현을 쓸 수는 있지만 현재는 대통령이 사망했을 때만 사용하는 극히 제한된 단어가 되었다. 그 외 일반인이 죽으면 보통 사망이란 단어를 쓰거나 높임말로 별세나 타계 혹은 '운명(殞命)하셨다'라거나 '유명(幽明)을 달리 하셨다' 혹은 '작고(作故)하셨다'라는 표현을 쓰기도 한다. 우리말로는 '세상을 등지셨다' 또는 '세상을 뜨셨다'라고 한다. 요사이는 자살이란 표현도 적절치 않아 극단적 선택이라고 순화해 쓰듯 죽음 시 매우 신중하게 단어를 선택한다.

오늘 오전 전두환 전 대통령이 타계했다. 각 방송이나 신문에서 쓰는 여러 표현을 보며 씁쓸함이 밀려와 여러 생각이 교차했다.

진보성향의 언론은 사망이라고 하며 호칭도 '씨'로 썼다. 보수 성향의 언론은 별세라 했고 전 전(前) 대통령이라고 쓴 곳도 있었지만, 서거라고 표현한 언론은 한 곳도 없었다. 공중파가 아닌 일부 보수 유튜브 중에 서거라고 한 유튜버가 있긴 했다.

전두환 전 대통령 재임시 행적으로 법적 심판을 받았기 때문인지 서거라는 표현은 적절치 않다는 견해에는 이해한다. 내란죄라는 중대한 범죄를 저지른 사람에게 쓰기에는 당연히 부적절한 표현일 수 있다.

죽음을 표현하는 말이 그렇게 중요하냐고 반문한다면 나는 일반인들과 다른 많은 사람의 이목이 집중되는 전 전(前) 대통령의 특수한 상황 때문이라고 생각한다. 옳고 그름을 떠나 진보 성격의 언론이 사망이라는 표현을 쓰며 범죄자로서 각인시키려는 의도가 엿보인다. 물론 감정적으로는 이해할 수 있다.

사법적 판결로 대통령 직위가 박탈되어 국립 현충원에 안장되지 못하는 처우 문제는 별개로 하더라도 말이다.

당사자가 죽음으로써 더 이상 논란은 무의미하여 왈가왈

부할 사안은 아니지만 먼 훗날 공과(功過)는 역사가 평가를 내릴 것이다. 물론 사법적 판단과 달리 전 전 대통령에 대한 평가는 각 개인이 지닌 정치적 신념에 따라 다양할 수 있지만 무조건적 폭력성 접근은 결코 더불어 사는 우리 모두에게 바람직하지 않다는 것이 내 소신이다. 소수 의견에도 귀 기울여 줄 수 있어야 민주주의가 지배하는 성숙한 사회다. 세상에 100대 0은 없는 법이니까.

전 전 대통령은 영면에 들었고 앞으로는 신문의 일면 기사가 될 일은 전혀 없다. 생존에 있을 때도 많은 비판이 일었지만 '진짜 유산은 장례식장에서 사람들이 하는 말이다' 하는 말로 일단락됐으면 한다.

우리나라 사람들은 영정 앞에서 지위고하 남녀노소 상관없이 예를 갖추는 것이 사람의 기본적인 도리라고 여긴다.

사망한 사람이 나이가 어리고 지위가 없어도 누구나가 머리를 숙이거나 절을 하며 애도를 표한다. 죽은 자에 대한 마지막 인간적인 예의를 갖춘다는 의미다.

특히 전 전 대통령은 5.18민주화운동의 가해자로 지목되어 많은 사람에게 지탄의 대상이 되었던 터라 사망이라는 단어를 쓰는 것에 충분히 수긍이 간다.

일반인에게 사용되는 별세라는 단어를 쓴다고 전 전 대통령의 과오를 눈감아 주자는 뜻은 아니다. 내가 감성에 젖어 전 전 대통령에게 피해를 입었던 사람들의 영원히 치유될 수 없는 마음의 상처를 가벼운 것으로 여긴다고 매도하면 곤란하다.

이집트 '사자의 서'에 따르면 '모든 사람은 두 번 죽는다. 영혼이 육신을 떠날 때 처음으로 죽고, 그를 기억하는 마지막 사람이 죽을 때 다시 죽는다.'라고 한다. 언제 될지 모르지만 전전 대통령을 기억하는 마지막 사람이 이 세상을 떠날 때 비로소 우리 기억 속에 그는 잊히는 자유로운 영혼이 될 것이다.

세상 살면서 가장 보편적 가치인 '죄짓지 말고 살라'는 말이 오늘만큼이나 뼈저리고 거대하게 느껴진 날도 드물다. 평범한 사람도 마찬가지지만 특히 유명인일수록 세상 사람들에게 비난받을 과거는 만들지 말아야 한다. 과거를 묻어둘 순 있지만 절대 지울 순 없다는 사실을 명심해야 한다. 그것은 죽을 때까지 따라다니는 낙인이 되어 괴롭힌다. 최소한 어떤 사람의 죽음에 안타까움까지는 아니어도 '죽어서 속이 시원하다'라는 소리를 들을 만큼 오점 많은 삶을 살았다면 슬픈 인생이다.

세상과 마지막 이별인 죽음이 모든 사람에게 애석하고 가슴 아프게 느끼도록 살아야 하는 것은 동서고금을 막론하고 변치 않는 영원한 교훈이다. (2021년 11월 23일)

매주 일요일 오후 우리를 TV 앞에서 못 떠나게 했던 전국노래자랑 사회자 송해 선생님이 오늘 오전 별세하셨다. 어제도 식사 잘하시고 사무실로 출근하셨다고 하는데 갑작스러운 비보에 충격을 받았다.

나는 송해 선생님을 직접 만나 뵌 적이 없고 개인적 인연도 없지만, 친척 어른이 돌아가신 것 이상으로 마음이 무거웠다. 아마 평소 그분이 대중에게 보여주셨던 어른으로서 모범적인 생활 태도 때문이 아닌가 싶다.

연예계에 몸담아 권력과 쉽게 관계를 맺을 기회가 많았지만, 정치권에 기웃거리지 않은 대표적인 연예인이다. 하지만 추모 열기는 대통령이 서거했을 때보다 덜하지 않아 모든 방송에서 송해 선생님 별세 소식을 비중 있는 뉴스로 다루었다. 오죽하면 종로 낙원상가 앞에 '송해 길'이라고 명명한 길이 있을 정도로 존경을 받았던 분이다.

정부에서는 훈장을 추서해 송해 선생님의 별세에 최대한 예우를 갖추는 모양새다. 어떤 전(前) 대통령 중 한 분은 죽어도 오히려 저주에 가까운 비난을 받는데 비해 어떤 노연예인의 죽음은 국민 모두가 슬퍼하고 안타까움을 표하니 세상 정말 잘살아야 한다는 것을 새삼 느낀다.

역시 사람은 죽은 후 관에 들어갈 때 그 사람의 인생 성적표가 매겨지는 모양이다.

온갖 누릴 수 있는 권력을 7년 동안 가졌던 전두환 전 대통령의 죽음이 송해 선생님의 별세와 대비되어 소환된 오늘 2022년 6월 8일이다.

우리들의

숨은 영웅

    중요한 역할을 하지만 별로 빛이 나지 않는 사람을 비유해 어두운 밤에 비단옷을 입은 사람이라고 한다. 비슷한 처지의 사람들이 여러 곳에 많다. 운동경기인 축구에서는 골키퍼고 야구에서는 포수라 할 수 있다.

    축구에서는 손흥민과 같은 슈퍼스타 골잡이가 반드시 있어야 경기를 이길 수 있지만 상대의 슛을 막아내는 골키퍼의 역할도 골잡이 못지않게 중요하다.

    상대팀 공격수의 끊임없는 슈팅을 잘 막아 팀을 승리로 이끌어도 손흥민의 한 골만큼 대접받지 못한다. 반면에 실수라도 해서 골을 먹으면 온갖 비난을 받는 총알받이 포지션이 골키퍼다.

    야구에서는 포수가 그렇다. 야구는 투수 놀음이라 투수

의 일 구 일 구 투구가 모든 사람의 주목의 대상이 되지만 9회까지 무거운 장비를 입고 쓰고 앉아서 200구 가까운 공을 받아내는 포수는 잘해야 본전이다. 타자의 파울볼에 머리, 가슴, 다리 가리지 않고 수 없이 강타당한다. 특히 눈이 안 달린 야구공이 눈치 없게 보호대가 없는 사타구니를 애무하면 지옥이 따로 없다. 경기가 끝나고 포수의 벗은 몸을 보면 멍투성이라고 한다. 그렇게 해도 팀이 승리하면 잘 던진 투수나 홈런을 친 타자에게 공을 돌리지, 포수에게 공을 돌리지는 않는다. 음지에서 일하고 양지를 지향하는 대표적인 운동선수다.

가정에서도 같은 사람이 있다. 바로 장남이 축구의 골키퍼고 야구의 포수다. 나는 운 좋게도 칠 남매 중 막내로 태어나 형님과 누님들의 따뜻한 보호 속에 장남에게 주어진 무거운 삶의 무게를 어깨에 짊어 본 적이 없다.

어제 장남인 사회 후배와 오랜만에 소주 한잔 하며 새삼 한국 사회에서 장남이란 누구이고 그 위치의 중량감이 어떠한지를 느껴보는 좋은 기회였다.

후배는 넉넉지 못한 가정의 장남으로 태어나 가족의 생계 일정부분을 책임져야 했고 동생이 학업을 이어갈 수 있도록 물심양면 도와야만 했다. 동생은 대학원까지 마치고 연구원으로 일하면서 결혼까지 했다.

그다음이 문제다. 이 후배는 누구도 강요하지 않았지만 한국 사회에서 아버지 다음의 가정 이 인자로서 장남에게 주어진 의무를 충실히 이행하느라 그 나이에 맞는 스펙 즉 학력을 쌓지 못했다. 장남이라도 더 열심히 살았다면 야간대학이라도 갈 수 있지 않았냐고 반문할 수 있지만 '더 열심히'는 온실 속 안전지대에 살고 있는 사람들의 주관적 시각이고 그 후배에게는 현실 속 불가능에 가까운 영역이었다.

한국 사회에서 살아가기에 가장 쓸모 있는 무형의 주 무기는 높고 좋은 학력이다. 대학 졸업장은 어느 면에서 주민등록증처럼 지녀야 할 가장 필수적인 미래 보장증서다.

아무리 입사 시험이 블라인드 면접이라 해도 후에는 이력서에 반드시 학력을 기재해야 하며 회사의 경영진이 가장 관심 있게 들여다보는 부분 중 하나가 학력난이라고 해도 틀린 말이 아닐 것이다.

사회에서 성공한 사람들의 경력에는 빛나는 명문대학 졸업장이 뒷받침된다는 것을 부인할 수 없다. 가끔 언론 기사에 나오는 '고졸 신화'는 아주 신기할 정도로 드물고 현실과 동떨어진 이상에 가깝다.

그 후배와 이야기를 나누며 느낀 점은 정작 본인은 장남이라는 태어날 때부터 주어진 낙인에 억울하거나 손해 본다는 생각을 하지 않는다는 것이다. 내가 만난 장남들 역시 막내인 내가 보기에 이 후배와 같은 태도를 보인다. 착하고 태평양 같은 크기의 관대한 가슴을 가진 대한민국의 장남들이다.

　주위를 둘러봐도 노부모에게 무슨 일이 생기면 제일 먼저 달려가는 자녀가 장남, 장녀. 좋은 일, 특히 돈 생기는 일에는 딸 아들 구별 없이 먼저 달려가지만 나쁜 일이나 골치 아픈 뒤처리해야 할 수고로움과 돈이 필요한 일에는 유독 장남 장녀들이 선착순이다.

　조선의 법전인 경국대전에는 모든 자녀가 동등하게 재산을 물려받게 되어 있지만 제사를 모시는 장남에게는 1/5을 더 주라고 되어있다. 법에 명문화되어 있어도 묵시적으로 장남이 재산을 물려받아 동생들에게 장남의 의도대로 나누어 주는 것이 불문율이었다.　지금은 모든 자녀가 부모 유산을 법에서 시키는 대로 공평하게 나눠 갖는다. 현재도 대부분 장남이 제사를 모시지만, 경국대전에도 있는 혜택을 누리지 못할뿐더러 그 불문율은 실종된 지 오래다. 장남의 좋은 프리미엄은 모든 일에 솔선수범해야 하는 희생의 개념으로 변질되었다. '권리는 형제자매 모두에게, 의무는 장남에게만'의 뿌리 깊은 장남 불공정 주의다.

　누구네 둘째 아들이 서울대학 갔어, 누구 네 막내가 대기업에 들어갔어, 등등 고향에서 들려오는 희소식에 다들 기뻐하지만, 동생들을 그렇게 만들기 위해 상급학교 진학을 포기하고 낯선 도시에서 고된 삶을 살며 희생한 장남 장녀들의 이름은 그 찬란한 성공 속에 묻혀 찾아볼 수가 없다. 그래도 묵묵히 뒤에서 바라만 보며 동생들의 성공을 자기 성공처럼 기뻐하고 만족하는 그들이다.

아직도 장남 장녀들의 피와 땀이 때로는 필요한 대한민국의 자화상이다. 오죽하면 K-장남, K-장녀 라는 K-pop과 결이 다른 유쾌하지 않은 신조어까지 있다고 한다. 그들은 애써 괜찮은 척해도 지켜보는 막내인 나는 억울한 그들의 처지가 어쩐지 서글프다.

한 사람이 잘되기 위해서는 희생하는 사람이 많을수록 좋다지만 희생하는 사람에게는 고통일 뿐이다.

지금은 한 가정에 거의 한 자녀만 낳아서 장남 장녀란 단어가 머지않아 사라지게 되어 그들의 슬픈 운명도 대한민국 역사의 뒤 켠으로 사라지겠지만 아직은 아닌 듯싶다.

루비콘강을 건너지 마라

'루비콘강을 건너다'는 되돌릴 수 없는 어려운 결정을 할 때 하는 무시무시한 말이다. 잘못되면 목숨과 직결되기 때문이다.

루비콘강은 이탈리아 북부의 작은 강에 대한 라틴어 이름이다. 로마제국 당시 장군과 군사들이 전쟁이나 훈련 등으로 파견 나갔다가 로마로 돌아올 때 루비콘강을 건너야 할 경우 로마에 충성한다는 서약의 뜻으로 항상 무장을 해제한 다음 루비콘강을 건너야만 했다. 일종의 전통이나 법규처럼 루비콘강에 대해 인식하여 무장하고 이 강을 건넌다는 것은 곧바로 로마에 대한 반역, 즉 쿠데타를 의도하는 행동으로 간주되어 실패하면 죽음을 각오해야 할 때 쓰는 관용구다.

비슷한 말로 생활 속에서 상대방이 지나친 말이나 행동을 할 때 '선을 넘지 마라'고 한다. 인간관계에 있어 지켜야 할 최소한의 도리 혹은 예의를 벗어나지 말라는 의미다. 후회할 일이나 지탄받을 일은 하지 말라는 경고의 뜻이다.

　루비 콘 강과 넘지 말아야 할 선의 속뜻은 약간의 차이는 있지만 인간관계 여러 측면에서 지켜야 할 최소한의 윤리 도덕적 경계를 넘는 일은 하지 말라는 것이다.

　얼마 전 중국 작가 장샤오형이 지은 '선을 넘지 않는 사람이 성공한다'란 책을 재밌게 읽었다. 직장생활에서 성공하기 위한 인간관계 지침서로 입시생들의 족집게 과외 책과 다름없었다. 직장인들이라면 대부분 알고 있는 내용들이지만 행동으로 옮기기가 쉽지 않은 것들이었다.

　직장생활을 앞만 보고 정신없이 했던 3~40대에 읽었다면 나도 샐러리맨의 성공신화 한편은 만들 수 있지 않았을까 하는 망상을 해 보았다.

　이 작가의 결론은 직장생활에서 사람들과 관계에서 선을 넘지 않는 것은 분수(分數)를 지키는 일이라 했다.

　분수의 사전적 의미는 자기 신분에 맞는 한도라고 되어 있다. 한자표기로는 수를 나눈다는 뜻이다. 자기 혼자 독불장군식으로 행동하지 않고 자기의 한계를 알아 타인과 유대감을 이루고 나누며 산다는 의미다.

　루비콘강, 넘지 말아야 할 선, 분수 이 세 단어에 역행하며 산다면 타인과 관계의 단절, 실패, 최악의 경우는 목숨까지 잃을 수도 있다.

우리 모두 경험하지만, 순간적인 분노를 참지 못하거나 교만과 오만함이 지나쳐 타인과 갈등을 일으키는 일들이 많다.

주위를 돌아보면 가족관계가 특히 그렇다. 피를 나눈 형제나 부모와 가장 최소한의 인륜의 선을 지키지 못해 원수처럼 지내는 가족들을 쉽게 본다. 돈 문제가 주요 원인이지만 하지 말아야 할 말이나 행동으로 부모님 장례식장에서나 겨우 얼굴을 마주치는 형제자매들이 실제로 많다.

직장도 서열이 지배하는 계급사회지만 상사나 후배에게 직위와 상관없이 지켜야 할 기본적인 예의와 도리가 분명히 존재한다. 이를 무시해 직장에서 쫓겨나거나 견디지 못해 낙오하는 직장인들이 허다하다. 직장은 이해관계로 뭉친 집단이지 사랑과 헌신으로 감싸주는 가정이 아니기 때문이다.

사회 친구 역시 다르지 않다. 생활 속 루비콘강을 잘못 건너는 바람에 좋았던 만남이 끊어지거나 원수 사이가 되기 일쑤다. 끊어졌던 관계를 되돌릴 수 있는 기회가 주어진다면 다행이지만 한강이나 동네 샛강이 아닌 루비콘강이라 불가능하다. 배수진이 아닌 최소한 뒷걸음치거나 뒤돌아 올 만큼의 여지는 남겨두고 행동이나 말을 해야 한다.

오랜 시간 인연을 맺고 있는 가까운 사이일수록 더욱 조심해야 한다. 어쩌면 데면데면한 사이보다 더 상처받기 쉬운 예민한 사이이기 때문이다.

권력의 속성에 대한 유명한 말이 있다. '권력 가까이에 있으면 타 죽고 멀리 있으면 얼어 죽는다'라고 한다. 보통의 인간관계도 크게 다르지 않아 적당한 안전거리를 유지하고 분수를 지키며 중용의 자세로 살면 탈이 나지 않는다.

안전거리가 어떤 수준의 거리인지 딱 꼬집어 말할 순 없지만 서로 어떤 경우에도 용인되고 부담되지 않는 물리적 정신적 거리가 아닐까 싶다.

"참았어야 했는데, 왜 그랬을까, 내가 미쳤지! 그 말은 하지 말았어야 했는데," 등 이런 말이 입에 붙어 다니면 주위에 있는 사람들이 하나둘 내 곁을 떠나 안전거리 밖 금단의 영역으로 사라진다. 그것을 느꼈을 때는 이미 늦는다.

삶이 쉽지 않은 영원한 난제지만 특히 타인과 관계가 그중에서 가장 어렵다. 그렇다고 보통의 인간으로서 종교인이나 성인(聖人)처럼 살 수는 없지 않겠는가?

다 자기가 지닌 인격의 그릇 크기만큼 살면서 노력하는 것이 최상의 지혜롭고 슬기로운 삶이 아닌가 싶다.

말이야

막걸리야

  사람의 일반적 수준을 가장 빠른 시간에 판단할 수 있는 것은 그 사람이 사용하는 언어 즉 말이다. 말은 생각에 옷을 입혀 형상화 되어 입을 통해 밖으로 나와 다른 사람의 귀에 전달되는 소리다.

  이탈리아 작가 이탈로 칼비노는 "성공이란 절묘한 언어 표현에 달려있다."라고 했듯 성공하려면 말을 의미 있고 간결하게 해야 한다.

  사람에게는 품성을 나타내는 인격이 있지만 말에도 수준을 보여주는 언격(言格)이 있다고 한다.

  말과 대화법에 관한 책은 서점에 가면 차고 넘친다. '대화 잘하는 법' '말 잘하는 법' '성공대화론' 등 말을 좀 더 잘하거나 체계적으로 하고 싶었다면 관련 서적 한 권쯤은 열심히 읽

없을 것이다.

　기술적으로 요령을 부려 아무리 말을 잘하려고 해도 생각만큼 안 되는 것이 말이다. 어려서부터 입에 밴 말투가 머리에 버티고 있는 천성에 가까운 자질이기 때문이다. 때문에 긴장을 하고 유식하게 말을 하려고 해도 순간적으로 밑천을 보이게 되는 것이 말의 속성이다.

　대화에 관한 필독서를 수십 권 읽었어도 그 방대한 내용을 기억하는 것은 현실적으로 불가능하다. 기억한다 해도 적재적소에 멋지게 써먹는 것은 더 어려운 일이다.

　나는 가장 기본적인 말의 방식과 원칙만 지킨다면 훌륭한 말 사용자까지는 몰라도 상스럽다는 말을 듣지 않는 정도는 된다고 확신한다.

　내 지인 중에 "말이야 막걸리야?"라는 말을 자주 하는 사람이 있다. 성격이 다혈질이라 상대가 영 말 같지 않은 말을 하면 속사포처럼 바로 반응하는 경고성 말이다. 이 표현의 속뜻에는 여러 설이 있지만 나는 말이 아닌 술인 막걸리 냄새가 풍기는 말이라면 얼마나 격이 떨어지는 말이겠는가? 더 지저분한 표현이 있다면 '말이야 방구야?'다. 입에서 나오는 말이 아닌 항문에서 나오는 악취 방구로써 말을 비유한다면 얼마나 더럽고 추한 말이겠는가?

　말이 막걸리나 방구가 아닌 '말씀'이 되려면 우선 머리에서 정성껏 빚어야 하고 입 밖으로 제품이 되어 나올 때는 흠결 없는 완제품이어야 한다.

말 사용에 관한 내용인 한비자의 설난(說難)편(남을 설득하는 것이 어렵다는 말)에 '설득은 남의 마음을 내 마음에 공감시키는 일이다. 대체로 일도 비밀을 지킴으로써 이루어지고 말은 누설됨으로써 실패한다. 설득하는 사람이 힘써야 할 일은 상대방이 자랑으로 여기는 바를 아름답게 꾸며주고, 부끄러워하는 일은 없애 줄 아는 데 있다.'라고 했다.

요약하면 비밀을 지켜야 할 때는 말을 하지 말아야 하고 칭찬하는 말은 아름답게 해주고 상대방이 듣고 싶지 않은 부끄러운 것, 즉 과거의 숨기고 싶은 치욕적인 일이나 실수에 관한 내용은 말하지 말거나 순화해서 해야 한다. 이 정의만 가슴속 깊이 간직하고 말을 한다면 서점주인에게 예의는 아니지만 진열해 놓은 말과 대화에 관련된 수많은 책은 제목만 보고 지나가도 무방하다.

간단히 말하면 상대가 들어서 불쾌할 말과 불필요한 말만 안 하면 상대방과 다투거나 미움 살 일이 없다는 뜻이다. 물론 칭찬의 말은 지나치지 않은 정도로 적당히 해야 한다.

사실 타인과 갈등 대부분은 부적절한 말이 원인을 제공한다 해도 틀린 말이 아니다. 말의 특징은 한번 입 밖으로 나오면 주어담을 수가 없다는 것이다. 결과적으로 잘못된 말을 수정하거나 다시 담기 위해서는 엄청난 노력과 시간을 들여도 앙금이 남을 수밖에 없다. 탈무드에서도 '말은 깃털과 같아서 한번 내뱉으면 주워 담기가 어렵다'라고 했다.

또 하나의 중요한 대화법은 부정문으로 묻거나 대답하지 말아야 한다. 예를 들자면 자녀가 학원에 가야 할 시간에 미적대면 부모가 하는 말이 "왜 학원 안 가니?"하고 말한다. 듣는 자녀는 학원을 안 간다는 말에 초점을 맞춘다. 자녀는 가려고 했는데 이런 말을 들으면 반발심이 일어나 정말 가고 싶지 않아진다. 정제된 표현으로 한다면 "학원 갈 시간이다."라고 했다면 늦지 않게 학원가라는 의미로 받아들여 자녀들이 기분 나쁘지 않았을 것이다. 둘 다 같은 의미지만 상대가 느끼는 감정은 큰 차이가 있다.

부부 사이에도 예외가 아니다. 함께 결혼식에 가야 하는데 남편이 준비하지 않으면 "왜 옷 안 입어요. 안 갈 거예요?"하고 감정이 듬뿍 들어간 시비조의 부정문으로 말한다면 들은 남편이 기분이 좋을 리가 없다. 정말 화가 나서 입었던 옷도 벗고 결혼식에 안 갈 판이다. 대신에 "빨리 옷 입어요. 갈 시간이 다 됐어요."라고 말했다면 어떨까? 당연히 빨리 서두르려고 할 것이다. 역시 같은 의사 전달이지만 상대에게는 전혀 다른 의미로 받아들여질 수밖에 없다.

대답도 마찬가지다. 멋진 옷을 입은 동료에게 "오늘 옷이 정말 멋지네."라고 말했는데, 대답이 "왜 내가 이런 옷 입으면 안 돼." 이 정도면 머리끄덩이 잡고 한 판 붙자는 것이나 다름없다. 엄마가 학원 갈 시간이 된 자녀에게 "학원 갈 시간이야 서둘러" 했는데 자녀의 대답 역시 "왜 안 갈까 봐 그래"였다면 모녀간에 한바탕 싸우고 난 후 자녀는 기분이 상해 학원 의자가 아닌 PC방 좌석에서 화풀이로 게임을 하고 있을 것이다.

질문이나 대답, 권유하는 말은 가능하면 부정의 뜻이 담긴 말로 하면 시비가 붙을 가능성이 매우 높다. 옛 속담에 '가는 말이 고와야 오는 말이 곱다'라고 가장 쉽게 말의 속성을 정의하지 않았는가?

대화를 잘하는 가장 쉽고 간단한 방법은 첫째, 상대가 들어서 기분 나쁜 말은 삼가고 둘째는 상대가 자랑스럽게 생각하는 것은 지나치지 않게 아름답게 꾸며주고 칭찬하며 마지막 세 번째는 부정의 의미로 말을 하지 말아야 한다. 이것에 하나 더한다면 상대가 말하는 도중 끼어들지 말아야 한다. 운전 중에 옆 차가 갑자기 끼어들면 기분 나쁜 것처럼 말이다.

최소한 미움 받지 않는 대화를 위해 말이라는 도구를 어떻게 적절히 사용해야 하느냐는 각자 선택의 몫이지만 해결책 역시 조금만 신경 쓴다면 완벽하진 않아도 그렇게 어렵지만은 않다는 것이 내 경험이다.

동전의 양면처럼 '말 한마디에 천 냥 빚을 갚는다'라는 속담은 '말 한마디에 천 냥 빚을 진다'라는 뜻도 될 수 있다. 한마디 말이 호랑이보다 무섭다는 옛말이 있듯 잘못된 한마디 말이 천 냥 빚만 지면 다행이지만 목숨도 빼앗아 갈 수 있는 살생무기가 되어 돌아올 수 있다는 것을 잊지 말아야 한다.

어버이

살아 실 제

'어버이 살아 실 제 섬기기를 다하여라
지나간 후면 애닯다 어이하리
평생 고쳐 못 할 일은 이뿐인가 하노라'

   조선시대 문인이며 문신인 송강 정철(1536~1593)이 지은 시다. 이 시는 부모에 대한 효도를 강조한 시로 대한민국 사람이면 한 번쯤은 읊조렸을 정도로 귀에 익다. 부모님이 돌아가신 후 땅을 치고 후회하지 말고 살아 계실 때 섬기기를 다하라는 것이다.
   부모님이 살아 계셔 자녀들이 정성으로 효도를 다 하면 그것만큼 세상에서 아름다운 인륜은 없다. 이제는 의료기술의 발달로 우리나라 국민 평균 수명이 거의 90세에 달하고 있다.

주위에 90세는 물론이고 100세 노인들을 어렵지 않게 본다.

나는 부모님이 일찍 돌아가셔서 효도다운 효도를 해 본 적이 없다. 요사이 친구들 부모님 별세 소식을 들으면 안타깝지만, 한편으론 부모님이 장수하셔서 90세 전후의 나이에 돌아가신 친구들이 부럽기도 하다.

어려서는 철이 안 들어 어떻게 해야 효도하는지 잘 몰라 기껏 부모님 말씀 잘 듣고 속 안 썩이면 자식의 도리를 다하는 것으로 알았다.

학교 졸업하고 밥벌이하고 부터는 현실적이고 구체적인 눈에 보이는 효도를 할 수 있는 능력이 됐지만 나는 부모님이 안 계셔서 할 수 없었다. 부모님이 살아 계셨다면 지금은 옆 동네에 놀러 가는 것처럼 흔해 빠진 해외여행을 보내 드리고 고급식당에서 온갖 산해진미를 대접하며 기념일에는 선물과 용돈을 빠지지 않고 드렸을 것이다. 살면서 가장 후회하고 아쉬운 일이지만 인간의 힘으로 할 수 있는 영역이 아니기에 가슴에만 못다 한 효심을 묻어둘 뿐이다.

얼마 전 아버님이 생존해 계시는 지인과 부모님 건강에 대해 이야기를 나누다 내가 미처 알지 못했던 그분의 힘든 상황을 알게 되었다. 지인의 어머니는 오래전에 돌아가시고 92세 되는 아버지가 본인이 사는 아파트 근처에서 홀로 사신다고 했다.

지인은 대기업 임원으로 정년퇴직을 한 60대 중반의 나이다. 그는 경제적 자유를 누리며 재미있게 여생을 즐길 수 있는 형편이지만 아버지 때문에 그렇지 못하다고 했다.

지인은 친구들과 식사 자리를 할 때면 늘 그들에게 듣는 소리가 아버님이 돌아가신 후 후회하지 말고 살아 계실 때 효도를 다 하라는 말이다. 송강 정철 선생의 충성스러운 후손들이다.

다 맞는 말이고 부모님에게 효도하라는 데 막돼먹은 자식이 아닌 이상 이의를 제기할 사람은 없을 것이다. 그러나 이분은 그런 말을 들을 때마다 일시적 분노의 급상승을 가져와 친구들에게 "너희들 내 입장이 돼 봐. 그런 말이 나오나?" 하며 쏘아붙인다고 한다.

몇 년 전 부부가 모처럼 지방으로 2박 3일 여행을 떠났다가 여행 첫날 밤 아버지가 몹시 아프다는 연락을 받고 밤새 차를 몰아 서울로 돌아와 아버지를 병원에 입원시켰다고 한다. 그 이후로 해외여행은 물론이고 숙박하는 국내 여행도 감히 꿈도 꾸지 못한다고 했다.

반면에 부모님이 이미 돌아가신 친구들은 철마다 부부 동반 해외여행, 친구들과 동남아 골프 여행 등, 마치 비행기를 동네 마을버스 타듯 한다.

얼마 전에는 아버님이 동네 기원을 들어가시다 입구 계단에서 넘어지는 바람에 손목 골절상을 입어 아버지 집에 매일

들러 살펴본다고 한다. 이전에도 지인의 아내가 반찬거리를 냉장고에 가득 채워 놓아 꺼내 데워만 드시도록 했다고 한다. 아울러 집 안 청소와 살림을 해주는 도우미 아주머니가 정기적으로 방문하는 모양이다.

부모님이 이미 돌아가신 나와 같은 사람은 효도를 다 하지 못해 후회한다지만 이 지인처럼 부모님이 살아 계셔도 예기치 못한 상황으로 정신적 육체적으로 고통을 받는 사람도 있다. 아무리 가까운 거리에 살아도 이 지인처럼 자주 들러 아버지와 저녁 식사를 함께하는 것은 보통 효자가 아닌 이상 무척 어려운 일이다.

지인에게 모든 서비스가 제공되는 시설 좋은 실버타운에 모시면 마음 놓고 부부가 편안한 노후를 즐길 수 있지 않겠냐고 했지만, 지인은 지금처럼 가까운 거리에 살며 시간 날 때마다 뵙고 식사를 함께하는 것이 마음 놓인다고 했다. 아버님이 치매의 전 정거장인 경도인지장애도 없는 것이 그나마 다행이라며 감사하다고 했다.

몸은 21세기에 살고 있지만 영혼은 조선시대에 머물고 있는 전형적인 효자상이다.

자녀가 형편이 되어도 병든 부모를 방치해 어떻게 지내시는지도 모르는 자녀들이 허다하다. 현대판 고려장이 따로 없다.

그러면서 본인은 앞으로 10년만 더 살고 75세에 세상과 깔끔한 이별을 하고 싶다고 했다. 자식들 힘들지 않게 하기 위해서. 그러며 우리나라는 왜 안락사를 허용하지 않는지 불만이라고 했다. 분위기가 너무 딱딱해 내가 농담으로 나이가 엿가락도 아닌데 어떻게 엿장수 마음대로 죽는 나이를 늘였다 줄였다 할 수 있느냐고 하자 지인도 민망한지 웃고 말았다.

자신이 설정한 75세 죽음의 나이와 안락사란 단어를 말할 때 지인의 마음이 어떠한지 이해할 수 있었다. 역설적으로 나는 부모님이 안 계신 탓으로 비자발적 호사를 오랜 기간 누리고 있다는 생각이 들었다.

자신의 목숨을 자신이 결정하는 극단적 선택을 제외하고 인간의 수명은 인간의 의지가 아닌 신의 영역이기에 인명은 재천, 사람의 목숨은 하늘의 뜻에 달려 있다고 하지 않는가.

철학자 김형석 교수에게 언제 죽고 싶으냐고 물으면, "더 일할 수도 없고 사랑하는 사람들에게 아무 도움을 주지 못하게 되었을 때는 죽음을 맞고 싶다."라고 했다.

죽음을 맞이할 때 누구나 세상과 아름다운 이별이 되길 소망하지만, 이것 또한 사람의 의지대로 되지 않아 사는 날까지 주위 사람들 힘들지 않고 본인이 고통스럽지 않기를 두 손 모아 기도하는 수밖에 달리 방법이 없다.

분명 장수는 누구나 축복받고 축복할 일이지만 빛과 그림자처럼 누구에게는 축복 그대로의 모습이 아닌 고통일 수 있다.

자식은 모든 정성을 쏟아 부모를 섬기지만, 자식의 몸과 마음이 견뎌낼 수 없는 섬김이 된다면 부모 자식 사이에 슬픈 일이다. 임계치가 넘어선 자녀의 부모 돌봄 선택지는 여럿이 될 수 있지만 어떤 선택도 존중받아야 할 그들의 신성불가침한 고유영역이다.

삶의

의지란

이야기 1

매일 아침 아파트 내 공원 산책은 건강한 하루를 여는 나의 동기부여다. 오랜 기간 하다 보면 늘 만나는 사람이 있기 마련이다. 주로 나이 드신 분들이며 인사만 하지 않을 뿐 서로 알아보는 사이다.

너무 덥거나 춥지 않으면 대부분 그분들을 만나게 된다. 하지만 어제 하루 종일 비가 많이 와 땅이 질척거렸고 오늘 아침도 이슬비가 내려 우산 쓰고 산책하기에도 몹시 힘든 날이었다.

지루하게 이어지는 장마와 그동안의 무더위에 지쳐 있던 내 영혼을 오늘 아침 깨워준 사람이 있었다. 오른쪽 다리와 손에 장애가 있는 우리가 흔히 부르는 중풍인 뇌졸중을 앓았던 사람이다. 날씨 탓인지 사람이 드문 공원 산책길에서 그

사람은 왼손에 우산을 들고

성치 못한 오른발을 한 걸음씩 앞으로 힘겹게 옮기고 있었다. 산책할 때마다 그 사람과 마주쳤지만, 오늘처럼 그렇게 그 사람이 안 돼 보인 날은 없었다.

뒤돌아 그 사람의 뒷모습을 물끄러미 보고 있는데 잠자고 있던 가슴속 삶이 나에게 큰 소리로 외쳤다. "보고 느끼는 거 없어! 교만 떨지 말고 겸손하게 살아!"

타인에게 불편함이 없어 보이는 내 육체에 감사하며 살라는 가슴속 경고였다. 안 들으면 다음은 바로 레드카드라고.

이야기 2

유모차는 아기나 어린아이의 전용 승용차다. 하지만 요즈음은 나이 드신 분들이 지팡이 대신 안전하게 걷는데 사용하는 보조기구가 되었다.

아침 동네 산책길에서 누가 사용하다 버림 직한 낡은 유모차를 끌고 앙상한 두 팔과 다리를 움직이며 열심히 산책하는 할머니가 눈에 들어왔다. 동시에 앞에서 가는 아기가 탄 고가의 외제 유모차도 함께 보였다.

용도가 다른 두 유모차를 비교한다면 아이가 탄 유모차는 출고된 지 얼마 안 되는 외제 중형 세단이고 할머니의 유모차는 폐차 직전의 20년 이상 된 자동차였다.

 어린아이는 앞으로 얼마든지 고급승용차를 탈 기회가 많지만, 할머니는 그럴듯한 유모차를 운전할(?) 기회가 없을 것 같았다. 할머니 자녀들이 내가 본 장면을 똑같이 보았다면 결코 마음이 편치 않았을 것이다. 할머니와 전혀 관계가 없는 내가 마음이 무척 무거웠으니까.

 나는 유모차의 도움이 필요 하려면 아직 멀었지만 어쩐지 삶에 대한 본능이 아닌 자발적 의지가 보통 때 보다 더 강렬하게 일었다.

 나이 들어가며 삶이란 철학자와 시인들이 정의하듯 형이상학적으로 기계의 회로도처럼 복잡한 것이 아닌 누구나 주어진 환경 속에서 오늘 하루 최선을 다해 열심히 사는 것이 아닌가 싶다! 있는 그대로 삶의 진실한 모습. 설령 몸이 병들어 불편하든 나이 들어 몸이 노쇠하든 현재의 모습으로 만족하고 열심히 살아가는 것.

 과거의 나는 이런 삶의 간단한 진리를 모른 체 남에게 상처 주고 상처받으며 왜 아등바등 치열하고 어리석게 살았을까? 이제라도 조금이나마 삶에 대해 눈을 떴으니 다행이다.

계절의 바뀜을 느낄 때

봄
아내가 겨울 점퍼를 드라이해서 옷장에 넣을 때
부고를 많이 받을 때
봄나물이 맛이 날 때
밖으로 나가고 싶은 충동이 넘칠 때
동네공원에 사람들이 많이 나와 운동할 때
프로야구 개막전이 기다려질 때

여름
러닝셔츠를 입지 않아도 불편하지 않을 때
생맥주가 고소하게 느껴질 때
브래지어 끈이 훤히 비치는 옷을 입은 여자들이
길거리를 활보할 때
휴가 일정을 잡으려고 달력을 볼 때
커피숍에서 커피 대신 빙수를 주문할 때
에어컨이 잘 나오는 백화점 방문 횟수가 늘어날 때

가을

샤워기의 냉수가 몸에 차갑게 느껴질 때
소주에 안주로 해물탕을 먹고 싶을 때
학교 동문회에서 가을 체육대회 초대장을 받을 때
결혼식 청첩장을 많이 받을 때
시집을 읽고 싶을 때
장롱 깊숙이 잠자고 있던 버버리코트를 입고 싶을 때

겨울

첫눈이 언제 내릴까 기다려질 때
온풍기를 다용도실에서 꺼낼 때
동치미가 맛이 날 때
붕어빵이 맛있어질 때
외출 시 목도리를 챙길 때
크리스마스가 무슨 요일인지 달력을 수시로 볼 때

소박한

거대한 꿈

다산 정약용은 '꿈이란 현실에 발을 디딘 채로 꾸는 것이다. 현실에 발이 떨어진 꿈은 허상이고 망상이다'라고 했다. 현실이란 바닥에 발바닥을 확실히 붙였어도 그 꿈이 시간이 흐를수록 이루기 어려운 불가능에 가까운 것이 된다면 어떤 마음이 들까? 원인은 본인의 능력 부족, 노력 부족일 수 있고 아니면 세상이 너무 변해 다가갈 수 없는 비현실적 꿈이 되어버린 것일 수도 있다.

아들이 고등학생일 때 금요일 저녁에는 차로 20여 분 걸리는 양재동 하나로 클럽에 가서 장을 보곤 했다.
대학입시 때문에 몸과 마음이 지쳐 있는 아들을 위해 잠깐이나마 정신적 육체적 휴식을 주려는 이유였다. 아들은 금요일 저녁만큼은 우리 부부 눈치를 보지 않고 원하는 먹거리를 무제한 먹을 수 있는 축복의 날로 일주일간 쌓인 스트레스를 잠재웠다.

어느 금요일 저녁 장을 보며 아들이 지나가는 말로 "나도 결혼해서 아기를 유모차에 태우고 금요일 저녁에 아내와 함께 지금처럼 장 보는 게 꿈이야."라고 했다. 그때는 아들의 꿈이 참 소박하고 서민적이라 여겼고 사내자식이 왜 그렇게 자신이 없느냐고 했다. 아버지로서 속상할 정도로 영 아들이 그렇게 작아 보일 수가 없었다. 순박한 것인지 투지가 없는 것인지. 아버지는 월말이면 카드값을 메우느라 이 카드에서 저 카드로 돈을 둘러대느라 쩔쩔매는 후불인생 소시민으로 살고 있지만 아들만큼은 헌헌장부로서 원대한 꿈을 꾸며 경제적 자유를 만끽하고 모양 나게 살기를 소망했다.

한참이 지난 지금 아들의 소박했던(?) 꿈이 성취가 결코 쉽지 않은 야무진 꿈이 되었다. 대한민국 젊은이들이 이루기 녹록치 않은 정말 거인의 꿈으로 몸집을 불린 것이다.

아들이 소원했던 그 꿈을 이루려면 전제조건이, 첫째 결혼해야 하고, 둘째는 결혼해서 살기 위한 전세 든 월세 든 자가 든 집을 마련해야 한다. 셋째는 아이를 낳고 키울 수 있는 육아 환경이 조성되어야 한다. 맞벌이라면 자녀를 돌볼 사람이든 기관이든 확보되어야 가능하다. 버스 지하철 타고 아이와 마트에 갈 수 없으니 중고차라도 한 대 있어야 하는 것은 물론이다.

가장 확보하기 힘든 것이 주거부분이다. 아들이 그 큰 꿈(?)을 말했을 당시에는 부모가 조금 도와주고 자녀가 직장 다니며 모은 돈을 합쳐 빌라나 아파트 전세를 쉽게 구할 수 있었다. 돈이 부족하면 대출받아 어렵지 않게 집 문제는 해결 가능했다.

지금은 어떤가? 당시 집 살 수 있는 돈으로 전세도 못 얻어 전세에 월세까지 얹혀 내는 반전세를 살아야 한다.

주거 문제와 더불어 육아 문제는 여성들에게 가장 큰 고통을 안겨주는 장애물이 되어 결혼 자체를 꺼리게 만든다.

결혼을 전제로 하는 연애, 출산, 내 집 마련, 인간관계 등 우리 젊은이들이 극복하기 버거운 모두를 포기할 수밖에 없어 지금의 젊은 세대를 배추 셀 때나 쓰는 단위인 '포기'세대라고 한다. 그들이 자조적으로 이번 생에는 망했다고 헬로우 조선이 아닌 헬 조선을 외치고 있는 실정이다. 낙원은 고사하고 지옥이라고 현재의 대한민국에 사는 삶을 표현하고 있다.

예전에는 집을 마련해 놓고 마음에 드는 배우자를 못 만나 결혼 못하는 미혼 남자가 많았다.

결혼 준비에 있어 가장 중요한 부분이 배우자였고 집은 후순위였다. 지금은 집은 마련되어 있는데 배우자를 아직 못 만났으면 하는 말이 "정말 소소한 게 준비가 안 됐구나."하고 농담한다.

이제는 결혼에서 배우자보다 집을 마련하기가 더 어려운 상위순위에 위치한다. 기형의 결혼 준비 모습이다.

꿈은 현재가 아닌 미래에 대한 가슴 벅찬 청사진이다. 미래의 청사진이 존재하지 않는다면 희망 없는 젊은이들의 삶이 얼마나 황폐하고 절망적일까? '아프니까 청춘이다'가 아니라 '좌절해서 청춘이다'가 훨씬 가슴에 와 닿는다면 어떨까?

집이 소소한 것이 되고 배우자가 가장 중요한 자리를 차지하는 보편적 가치가 통하는 건강하고 예측 가능한 미래가 보장되는 사회가 언제 다시 오게 될지. 현재는 기다려 보는 수밖에 별 뾰족한 수가 없는 안개 속 미래가 더욱 답답할 따름이다.

포기 세대라고 자조하는 젊은이들이 삶을 포기하지 않는다면 그들이 원하는 세상이 늦음과 빠름의 차이일 뿐 반드시 온다는 것을 나는 확신한다. 역사가 보여주고 있기 때문이다.

삶은

끝 없는 여정

여행은 언제나 즐겁고 가슴 떨리는 일이다. 몸이 노쇠해 두 다리가 컴퍼스의 두 다리 처럼 힘없이 벌어지고 흐늘거려 제대로 걷지 못하기 전에 여행을 많이 하라고 한다. 아무리 시간과 돈이 많아도 휠체어를 타거나 남의 도움을 받으며 가는 여행은 고난의 행군이지 진정한 여행이라고 할 수는 없다.

2박 3일의 부산 여행을 다녀왔다. 처음 부산에 간 것은 30여 년 전 신혼여행이었다. 사정이 있어 1박 2일의 짧은 일정이어서 관광을 즐길 수 있는 여유가 없었다. 그 후로 두 번 더 갔고 이번이 네 번째 부산 방문이었다. 이번 여행의 테마는 '돌아왔다 부산항에'였다.

부산하면 제일 먼저 떠오르는 것이 조용필의 노래 '돌아와요 부산항에'다. 70~80년대 유흥 행사에서 반드시 불러야 하는 18번 노래였다.

　　부산항은 물론이고 가사에 나오는 4월 초 꽃피는 동백섬이 있는 해운대 근처 호텔을 잡아 오륙도를 보았고 영화로 유명해진 '국제시장'에 가서 돼지국밥과 함께 부산의 대표 음식 2대 천왕 중 하나인 밀면을 처음 먹어 보았다.

　　여행은 쳇바퀴 도는 듯한 일상생활에 생기를 불어넣어 주는 정신적 비타민 겸 산소다. 음식의 부족한 맛을 채우기 위해 조미료, 소금 조금, 참기름 한 방울, 고춧가루 한 숟가락,
　마늘 다진 것 한 스푼 넣는 것과 같은 일이다.

　　일 년에 서너 번은 철 따라 가족여행을 간다. 봄맞이 여행, 여름휴가, 가을 단풍여행, 겨울 바다나 눈 덮인 산을 보러 가는 겨울 여행.

　　변함없이 여행 전날은 마치 소풍 가기 전 날밤 가슴이 두근두근하는 초등학생 마음이다. 여행 당일은 출발시간보다 한두 시간 일찍 일어나 별것도 없는 준비물을 다시 점검하며 법석을 떤다.

　　교통편은 크게 불편하지 않으면 고속버스나 고속철도를 이용한다. 승용차로 가면 장시간 운전에서 오는 피로와 창밖의 아름다운 풍경을 감상하지 못하기 때문이다. 여행 끝나면 운전 피로만 남는 경우가 허다하다. 양질의 여행이 되기 위해서는 내가 신앙처럼 지키는 몇 가지 원칙이 있다.

첫째는 집 밖의 집인 숙소가 편해야 한다. 아무리 좋은 곳이라도 잠자리가 불편하면 여행의 참 맛이 반감된다. 우리 가족끼리라면 괜찮지만 여러 가족이 한방에서 어울려 자는 것은 딱 질색이다. 함께 자야 재미있고 정도 돈독 해진다고 하지만 그것은 젊었을 때 친구끼리 가는 여행에 해당한다.

두 번째는 여행지의 특색 음식을 맛보는 것이다. 큰맘 먹고 가격이 비싼 유명한 현지 맛집을 가보지만 결론은 서울에서 먹는 것과 별 차이가 없는 '역시나'다. 하지만 지역적 감정이라는 무형의 조미료가 들어가 반드시 한번은 먹는다.

세 번째는 자유롭고 여유가 있는 여행 스케줄이다. 예전에는 여행이 아닌 관광의 의미에 비중을 더 두었다. 초등학생이 방학하면 하루 일과표를 분 단위로 쪼개 빡빡하게 짜는 것처럼 일정을 짰지만, 마음이 여유가 생긴 중년부터는 가보고 싶은 곳이 있어도 '아니면 말고'식으로 시간 되면 가고 전날 무리한 일정 소화로 피곤하면 포기한다. 대신 호텔에서 차를 마시거나 늦잠을 자거나 가벼운 산책을 한다. 그래도 목숨 걸고(?) 가고 싶은 곳이 있으면 아내를 채근하지 않고 나만 조용히 갔다 온다. 솔직히 가보았다는 인증샷을 남기기 위함이다.

미국 비평가 수전 손태그는 '여행은 무엇인가를 사진에 담기 위한 하나의 전략이 되고 있다'라고 했다. 맞는 말이다. 지인들의 인스타그램을 보면 '여행의 흔적 남기기 사진'이 대부분이다.

네 번째는 여행지다. 한때는 갈 때마다 여행지가 항상 달라야 했다. 가본 곳을 다시 가는 것은 재미가 없었다. 이미 본 드라마를 녹화로 보는 것 같은 김빠진 콜라 맛이었다. 여행이 아닌 볼거리의 관광이었다. 하지만 가 본 곳을 다시 가도 새롭고 정서적으로 편한 곳이 의외로 많다는 것을 알게 되었다.

여행 마지막 날 밤 나는 다시 마음이 설렌다. 이상하게 매일 먹고 자는 집이 오히려 그리워진다. 돌아갈 곳이 없다면 여행의 진정한 맛을 느낄 수 있을까?

여행은 빨리 가려면 혼자 가고 오래 즐기려면 누군가와 함께 가고, 가지고 가는 짐은 부담이 되지 않는 정도여야 하며 반드시 돌아올 곳이 있어야 한다. 그렇지 않으면 머무를 곳이 없는 정처 없는 방황이 된다.

눈이 호사를 누리는 관광이 되지 않고 가슴의 치열한 움직임이 재충전을 위해 '잠깐 멈춤'하는 여행이 되려면 숙제에 시달리는 학생처럼 안달하지 말고 느긋하고 여유로운 마음가짐이 절대적으로 필요한 즐거운 축제가 되어야 한다.

프랑스 철학자 가브리엘 마르셀은 인간을 '호모 비아토르(Homo Viator) 즉 여행하는 인간이라고 정의했다. 인간 삶 자체가 태어날 때부터 광활한 미지의 세계로 나침반 없이 나아 가는 끝없는 여정인 듯싶다.

두 가지 뉴스

오늘 두 가지 양극단의 뉴스에 마음이 시끄럽고 우울했다. 두 가지 마음이 가슴 속에서 치열한 전투를 벌이는 양상이다.

뉴스 하나는 어느 유명연예인의 건물 매입 관련 내용이었다. 연예인 관련 뉴스 중 열애설과 이혼설 다음으로 많은 관심을 끄는 것이 부동산 뉴스다. 부동산 가격의 폭등이 원인을 제공해 연예인들의 부동산 투자 뉴스가 부쩍 많이 나온다. 연예인이라는 직업 특성상 안정된 노후 준비로는 부동산, 특히 정기적으로 월세가 나오는 상가건물이 가장 선호하는 투자수단이라고 한다.

몇 년 전 매입한 아파트나 빌딩이 몇십억 올랐느니, 두 배가 뛰었느니 등 일반인의 호기심을 자극하기 충분한 가장 쫄깃한 뉴스다. 한편으론 그렇지 못한 사람들은 그들을 부러워하고 질투도 한다. 아마 보통 사람들의 솔직한 심정이 아닌가 싶다.

연예인 수입이 얼마나 되길래 2~30대 아이돌 가수나 젊은 연예인들이 고가의 부동산을 살 수 있을까? 주위에 아는 연예인이 없어 물어볼 수 없으니 정말 궁금하다.

이 뉴스를 보며 많은 젊은이가 온갖 고통을 감수하며 연예인이 되려는 것이 이해가 간다. 이런 경향에 맞추어 연예 경연 방송프로그램이 여러 방송국에 생기며 높은 시청률로 흥행을 이어가고 있다. 연예인 지망생들이 부와 명예를 한꺼번에 얻을 수 있는 최상의 지름길이기 때문이다.

다른 뉴스 하나는 홈쇼핑을 운영하던 대표가 코로나 여파로 상당한 부채를 져서 극단적 선택을 한 것이다. 가족, 친지, 친구들에게 많은 돈을 빌려 갚지 못한 모양이다. 코로나 사태 이전에는 그럭저럭 생활하며 업체를 운영했는데 코로나 사태가 장기화되면서 자금난을 견디지 못했다고 한다.

자본주의 자유경쟁 사회에서 돈을 잘 벌고 못 버는 것은 본인의 능력이고 책임이다. 타인이나 상황을 탓해 봐야 변명으로 밖에 들리지 않는다.

연예인들이 부동산에 투자에 막대한 돈을 벌 수도 있고, 극단 선택을 한 자영업자처럼 코로나 사태와 같은 불가항력적인 일로 파산할 수도 있다. 신이 아닌 이상 어찌할 도리가 없는 노릇이다.

사이다와 같은 속 시원한 뉴스가 별로 없는 이때에 많은 사람의 이목을 끌 수 있는 연예인들의 부동산 재테크 뉴스는 달콤하고 눈에 쏙쏙 들어올 수밖에 없다.

생활이 크게 곤궁하지 않은 사람들이야 단순히 "그 연예인 대박 났네! 참 좋겠다." 하고 반응하는 가벼운 뉴스가 될 수 있지만 지금 파산 직전 상태로 생계가 막막한 사람이 이런 뉴스를 본다면 어떤 심정일까?

연예인들 역시 대중의 인기를 얻기 위해 피눈물 나는 노력은 인정하지만, 반대편 시각으론 폭등한 부동산 가격으로 서민이 평생 벌지 못할 돈을 단 몇 년 사이에 번다면 상대적 박탈감을 가질 수밖에 없는 것이 인지상정이다.

내가 노력해 이룩한 부를 남의 눈치까지 봐야 하느냐고 반박한다면 할 말은 없지만 많은 사람이 코로나 여파로 어려움을 겪고 생존을 위협받는 상황을 고려한다면 한 발짝 뒤로 물러나 자제하는 인간적 따뜻함을 보여주면 어떨까? 공인이기 때문이다.

냉철한 이성적 마음보다는 가끔은 배려의 마음을 가지는 온정주의가 사회 약자에게 동정심이 아닌 긍정의 온기를 불어넣는 경우가 얼마든지 있다. 그것이 바로 인간의 위대한 마음인 측은지심이다.

연예인의 부동산 뉴스가 어제나 내일 나왔다면 조금은 나을 뻔했는데 아직까지 가슴이 소화되지 않은 것처럼 묵직하고 더부룩하다. 극단적 선택을 한 홈쇼핑 대표의 명복을 빈다.

2022년 2월 11일

밥상머리 교육

각계각층 사람들과 식사하게 되면 그 사람의 식습관을 자연히 보게 된다. 좋은 감정을 가지고 만났던 사람들과 식사하다 보면 그들의 형편없는 식사 모습을 직접 보고 다시는 만나고 싶지 않은 사람이 생기곤 한다.

어쩌면 사람이 갖추어야 할 기본 예절 중에서 가장 중요한 것이 식사 예절이 아닌가 싶다. 이상하게 개인의 식사 예절의 좋고 나쁨은 학력이나 나이 명예 부와는 전혀 비례하지 않는다는 것이 내 경험이다. 그만큼 어릴 때부터 성장하며 가정 안에서 자연스럽게 몸에 배는 예절이라 짧은 시간에 일타 강사에게 배워 터득할 수 있는 벼락치기 자질이 아니기 때문이다. 식사 예절은 시험처럼 한 번에 끝나는 것이 아닌 사는 동안 지켜야 할 예절이다. 물론 식사 예절을 잘 가르쳐야 할 집안의 어른, 부모님이나 할머니 할아버지가 맡아주면 이상적이지만 현대 가정에서는 현실적으로 어렵다.

    조선왕조실록에 세자빈을 간택하는 시험 중에 밥 먹는 항목이 있었다고 한다. 그만큼 식사 예절은 궁중에서도 단연 중요시하는 덕목이었다. 간택 대상의 후보자들은 사대부집 처녀들로 10대 초중반의 나이였고 가정에서 신부 교육을 나름 엄격히 받은 규수들이었다.
    중전마마, 대왕대비 마마에게는 며느리, 손자며느리를 뽑는 국가의 중요한 행사 중 하나였고 장차 나라의 어머니가 되는 국모를 결정하는 대사였다.
    밥을 게 눈 감추듯 빨리 먹는 처녀, 음식을 흘리며 게걸스럽게 먹는 처녀, 음식을 먹는 건지 세월을 먹는 건지 세월아 네월아 먹는 강태공 처녀, 쩝쩝 소리 내며 음식을 요란하게 먹는 처녀 등 각양각색의 예비 국모들 식사 모습을 많은 사람이 지켜보았다. 재미있는 사실은 밥을 물에 말아먹은 처녀가 식사 예절 항목에서 가장 높은 점수를 받았다고 한다.
    쌀 한 톨이라도 아껴 물을 말아 깨끗이 그릇을 비우는 것이 장차 국모로서 나라와 백성들을 먼저 생각하는 검소하고 따뜻한 마음과 부합된다고 여긴 것이다.
    지금은 남아도는 쌀이지만 당시는 쌀이 생명과 같아 귀할 때라 합리적으로 생각해 보면 조선시대상에 맞는 평가점수라 이해된다.

  오늘날 며느리 후보감이 시부모 될 사람 앞에서 밥을 물에 말아먹었다면 결코 시부모 눈에 들기는 어려웠을 것이고 더욱 시댁이 명문가라면 트집을 잡혀 결혼 전선에 빨간불이 켜져 '멈춤'이 되는 파혼을 당할 수도 있는 일이다.

  시대적 상황과 특별한 목적이 있는 경우에 식사 예절의 평가 기준이 달라질 수 있지만 그것을 제외하고는 일반적이고 상식적인 식사 예절은 시대를 초월해 동일하다고 봐야 한다.

  사실 우리나라 사람들은 식사를 빨리하는 습관이 있어 후딱 물에 밥을 말아 김치 몇 쪽으로 식사를 마치는 사람들이 적지 않다. 뭐가 그렇게 바쁜지 속전속결 빨리빨리 문화의 대표적인 것이 식습관이다.

  한국사람들이 물에 밥을 말아먹는 것을 본 외국인이 깨끗한 쌀밥을 다시 물에 씻어 먹는다고 감탄했는데 밥 말아먹었던 물을 후루룩 남김없이 마시는 것을 보고 "오 마이 갓!" 외쳤다고 한다.

  우리나라 부모들은 식사 중에 이루어지는 자녀의 밥상머리 교육을 매우 중요하게 생각했다. 자녀들에게는 교육이 아닌 잔소리로 들릴 수 있지만 그런 교육이 은연중에 몸에 배 자녀들이 식사의 기본 예절을 배우고 터득했다. 특히 어른들과 함께하는 식사 자리라 모든 것이 어른들의 눈치를 보며 조심했고 예의에 어긋나는 행동을 하면 추상같은 어른들의 호통 때문에 식사 시간이 마치 군인들의 점호와 같은 괴로운 일과였다. 단지 밥 한 끼 먹는 자리가 아닌 학교에서 가르치지 않는 삶의 기본적 윤리와 도덕을 배우는 전인교육의 장(場)이었다.

식사 예절뿐 아니라 정확한 언어를 구사할 수 있는 기초를 다지는 일석이조의 교육이다. 따라서 밥상머리 교육은 만 2세부터 하는 것이 가장 효율적이라고 한다. 그때부터 단어의 사용이 늘기 시작해 정확하고 올바른 말을 어른들에게 듣고 배울 수 있기 때문이다.

지금은 옛날처럼 가족이 한자리에 모여 식사를 할 수 있는 시간이 없다. 어린 자녀들은 학원을 몇 군데씩 다니느라 분식점이나 편의점에서 면 종류나 패스트 푸드로 식사를 해결하고 부모들 역시 생활이 바쁘고 귀가 시간도 일정하지 않아 자녀와 함께 식탁에 마주하는 것이 드물다. 제대로 된 식사 예절을 배울 수 있는 기회조차가 없다.

나이 든 사람들은 살아온 경륜이 있어 식사 예절이 크게 상식에 벗어나지 않지만 젊은 사람들과 식사하다 보면 고개가 갸우뚱해지는 경우가 있다. 하지만 내 자녀도 싫어하는데 남의 자녀에게 식사 예절을 강요하는 것은 꼰대라는 말을 들기 십상이다.

　부모들이 여러 사정이 있겠지만 자녀의 식사 예절은 부모와 함께하는 식탁에서 하는 것이 가장 무난하며 자녀들이 식습관으로 남들에게 욕먹지 않는 최상의 방법이다.

　하물며 어려서부터 음식 먹을 때 포크만을 사용해서인지 젓가락을 고깃집에서 집게 사용하듯 하는 젊은이를 볼 때마다 밥상머리 교육은 이미 시대에 뒤떨어진 공허한 외침이 아닌가 싶다.

　여러 이유로 시대에 맞는 밥상머리 교육이 쉽진 않지만 반드시 해야만 하는 교육임에는 틀림없다. 하지만 실행은 부모와 어른들의 몫이다.

베푸는 기쁨으로

만족하기

　누군가에게 호의를 베풀었는데 감사하다는 말을 듣지 못하면 서운한 마음이 들기 마련이다. 아무리 나이가 들고 사회적 지위가 높고 고매한 인격의 소유자라도 섭섭한 마음은 어쩔 수 없다. 대다수 사람이 베푼 만큼 되돌아오기를 기대하는 이유는 베푼 호의를 마치 돌려받아야 할 빚쯤으로 생각하기 때문이다.

　지인이나 친척들의 경조사에 못 가게 되면 '마음 전하실 곳' 즉 은행 계좌에 얼마간 마음을 전한다. 당연히 은행 계좌로 돈을 보냈기에 받는 사람은 송금한 사람이 참석을 못 하는 것을 사전에 알게 된다. 다음이 문제다. 최소한 송금한 사람에게 잘 받았다는 감사의 문자 메시지나 전화를 하는 게 보통 사람의 행동 양식이다. 하지만 그런 감사 인사를 받지 못하면 괘씸한 생각이 든다. 기껏 돈 몇 푼에 처음 가졌던 축하의 마음이 희석된다. 살다 보면 이런 경우가 가끔 있어 영 사람을 치사하고 속 좁게 만든다.

가족이건 타인이건 자기가 받은 호의나 은혜에 감사를 표하는 것은 일상생활에서 가장 기본적인 예의다. 고대 로마 정치가인 키케로는 '감사는 최대의 미덕일 뿐 아니라 모든 미덕의 원천'이라고까지 했다.

비록 베푸는 사람이 별거 아니라고 생각해도 받는 사람 입장에선 도리상 감사를 표시해야만 한다.

수시로 우리 집을 방문하게 되는 사람이 항상 몇 명은 있다. 마트에서 물건 배달하는 사람, 택배 직원, 아파트 관리실 직원(집에 문제가 있을 때), 케이블TV 직원 등이다.

아내는 여름이면 냉장고에서 시원하게 얼린 생수 한 병을 일 마치고 돌아가는 그런분들에게 더위를 식히라고 건넨다. 여름이라 아마 시원한 생수의 맛은 세상 어느 것보다 꿀맛일 것이다.

며칠 전 영상 35도가 넘는 몸이 익어가는 날 케이블 TV가 나오지 않아 애프터 서비스를 받아야 했다. 땀을 뻘뻘 흘리며 수리를 끝내고 돌아가는 케이블 TV 회사직원에게 작은 시원한 생수 한 병과 간식거리 수수팥떡 몇 개를 주며 출출할 텐데 먹으라고 했더니 내가 민망할 정도로 연신 폴더인사를 하며 고마워했다. 인사받는 내가 오히려 그 직원보다 당황해 어찌할 바를 모를 지경이었다.

자주 경험하지만, 엘리베이터를 탈 때 먼저 탄 사람이 나를 기다려 열림 버튼을 눌러 주면 타면서 항상 "감사합니다."하고 말을 한다. 얼마 전에는 반대가 되어 열림 버튼을 누르고 있는데 대여섯 살 되 보이는 여자아이가 타며 "고맙습니다." 하며 인사했다. 나이 든 사람도 감사 인사를 안 하는 경우가 있는데 어린아이의 앙증맞은 감사의 말에 감동했다.

그 아이 부모가 남에게 도움을 받으면 감사 인사를 하라고 가르친 모양이다. 어른이 감사의 표시를 안 하면 인성의 문제지만 아이들은 부모의 간단한 교육만으로 가능하고 학습효과도 빨라 아이들이 감사 표시를 안 한다면 교육을 제대로 시키지 않은 부모 탓으로 돌린다.

부모 형제사이나 친한 친구 사이에도 감사를 표현하지 않으면 그 마음을 알 수가 없다. '말 안 해도 알아주겠지' 하면 큰 착각이고 희망 사항일 뿐이다. 표현하지 않는 감사의 마음은 칼집에 들어 있는 칼과 같이 전혀 쓸모가 없다. "원래 무뚝뚝한 성격이라 그래!"라고 한다고 해서 이해해 주지 않는다. 감사를 표하는 것이 무슨 성격과 관련이 있겠는가? 해도 그만 안 해도 그만인 감사가 아니라 반드시 해야 하는 필수행동이다. 30여 년 이상 함께 산 부부도 마음은 그렇지 않은데 말이나 문자로 감사를 표현하지 않으면 남과 다름없이 기분 나빠 하고 오해하게 되어있다. 내 말에 이의를 달 사람은 아마 관심법 즉 사람 마음을 꿰뚫어 보는 독심술을 가졌다는 드라마 '왕건'에서 나온 태봉 왕 궁예뿐일 것이다.

하지만 내 정신건강을 위해 남에게 호의를 베풀었을 때 감사를 받지 않아도 섭섭하지 않은 마음을 갖는 최고의 지혜로운, 첫 번째 비결은 '주는 기쁨'만으로 만족해야 한다. 하지만, 그래도, 그러나 등 '주는 기쁨'을 퇴색시키는 연결 사고의 마음을 차단하기 위함이다.

탈무드에서도 '감사를 바라지 않는 행동이야말로 아름다운 행동인 것이다'라고 적혀 있다. 물론 보통 사람으로는 쉽지 않은 일이다.

두 번째 비결은 순전히 이기적인 마음으로 내가 편하기 위해 상대가 잊어버렸거나 감사 표시를 못할 사정이 생겼구나 하고 무조건 접어주고 넘어가는 태평양 같은 이해심을 갖는 것이다. 이 비결을 체득하기 위해서는 인내심과 시간이 필요하다.

'받은 은혜는 무쇠솥에 새기고 베푼 은혜는 모래밭에 새기라'는 말이 있듯 은혜를 베푸는 순간 손으로 모래를 흘트려 그것을 즉시 뇌에서 제거해 망각의 주머니 속으로 집어넣어야 한다.

받지 못한 감사에 예민하지 말고 오히려 우리가 미처 표현하지 못한 타인에 대한 감사에 더욱 신경을 써야 한다.

미국의 심리학자이며 영성가인 웨인 다이어는 '감사는 표현할수록 나무처럼 자연스럽게 그 싱싱한 생명력과 에너지가 사방으로 퍼져 나간다.'고 했다.

나이가 많든 적든 지위가 높든 낮든 감사할 상황에서 감사를 주저 없이 표현하면 사람 사이에 긍정적인 에너지가 분출되어 아름다운 마음이 서로에 넘쳐나는 따뜻한 사회가 될 것은 자명하다. 하지만 감사를 받아야 할 상황에서 받지 못하더라도 즉시 잊어버리고 서운하지 말아야 하는 것이 세상 살기가 편하다.

핑거족

잘 쓰는 말은 아니지만, 인터넷에서 가끔 나오는 핑프족(핑거족)이라는 단어가 있다.

핑프라는 의미는 2가지 단어를 줄인 말로 핑거 프린스(finger prince), 핑거 프린세스(finger princess) 즉, 손가락을 까닥하지 않고 주변 지인이나 SNS상에 있는 사람들에게 물어보는 경향의 태도를 가지며 귀찮은 것을 싫어하는 왕자 공주와 같은 고귀한 사람들이라고 한다.

나는 책이나 인터넷에서 이해가 안 되는 처음 보는 단어나 문장이 나오면 만물 지식창고인 인터넷을 즉시 뒤지는 검색 중독증이 있어 왕자도 아니지만 핑프족의 일원이 될 염려는 전혀 없다

주변에 핑프족과 같은 사람들이 의외로 많다. 내가 퇴직한

직장 인사부서에 근무할 때 노무 업무도 함께해 근로기준법, 취업규칙, 단체협약에 나와 있는 규정과 조문에 관련된 일이 생기면 나에게 늘 물어보는 동료가 있었다. 처음에는 당신은 모르지만 나는 안다는 상대적 우월감에 젖어 친절하게 알려주었지만 바쁠 때 눈치 없게 물어보면 짜증이 났다.

비슷한 경우로 거래처 전화번호를 수시로 물어보는 상사가 있었다. 나는 연락을 자주 하는 거래처 전화번호는 탁상 캘린더나 수첩(핸드폰이 없던 시절)에 적어 놓아 필요할 때마다 찾아서 통화를 했다. 인터넷이 없던 때라 총알도 뚫을 수 없는 두께의 전화번호부에서 원하는 번호를 찾으려면 시간이 오래 걸렸다.

이런 행동양식은 기본적인 생활 태도에서 극명하게 나타난다. 나에게 수시로 물어보는 직장동료나 상사는 손가락 하나 까딱하지 않고 원하는 정보를 손쉽게 알 수 있는데 시간 소비하며 법전을 뒤지거나 전화번호부를 찾을 필요성을 못 느끼는 자기 자신만 생각하는 사람들이다. 손품, 눈품을 팔지 않고 오직 말품으로 업무처리 하는 약삭빠른 기술(?)의 소유자들이다.

동료의 수고로움이나 지식을 이용해 자신의 편리함을 극대화하는 얄미운 업무태도다. 나의 편리함이 타인의 불필요한 시간 낭비와 불편함에서 온다는 사실을 모른 체하는 사람이거나 타인의 배려에는 스위치를 꺼 놓고 사는 사람이다. 동료라면 따끔하게 말 대포를 힘차게 한번 쏴 주며 감정표현을 하겠지만 상사라면 생존의 문제가 달려있어 차마 말은 못 하고 벙어리 냉가슴 앓듯 열불만 나기 마련이다.

30여 년 전 사무실에서 함께 근무했던 부하직원이 아직까지 유일하게 기억 속에 사라지지 않고 있다. 영어가 필수적인 직장이라 영어단어를 잘 모르면 업무에 지장이 많았다. 그렇다 해도 어느 직장이나 업무상 사용하는 영어단어나 한자 혹은 전문용어는 한정되어 있어 한 번만 신경 써서 외워 두면 사전을 찾거나 남에게 물어 볼일이 없이 영구적으로 써먹을 수 있다. 그런데 그 부하직원은 전에 물어보았던 단어를 몇 번이나 반복해 물어봐 "야! 사전 찾아봐! 너는 손이 없냐? 눈이 없냐? 자꾸 묻지 말고." 사무실 사람들 모두 듣도록 일부러 민망하게 큰 소리로 말했다. 나는 더 이상 지금의 인간 '네이버'나 '다음'과 같은 정보의 바다가 되기 싫다는 포기 선언이었다. 미안한 마음으로 그날 저녁 그 직원에게 삼겹살에 소주를 사줬지만, 나의 의도된 꾸지람에 직원이 얼마나 큰 충격을 받았는지 퇴사할 때까지 영어단어를 한 번도 내게 묻지 않아 오히려 섭섭할 지경이었다.

나는 핑크족이라는 말 대신 얌체이기주의족이라고 표현하고 싶다. 그렇지만 특수 단어나 인터넷을 검색해도 찾기 힘든 단어라면 당연히 아는 사람이 가르쳐줘야 한다.

영어나 한자 또는 전문지식이 있어야 알 수 있는 것을 누군가 나에게 물어보면 그 사람이 도저히 알기가 어렵다고 판단되면 아는 범위 내에서 모든 지식과 수단을 동원해 싫은 내색하지 않고 친절하게 알려 준다. 단, 쉽게 인터넷이나 다른 수단을 통해 알 수 있는 것을 물어보면 엄동설한 찬바람처럼 쌀쌀맞게 대하며 알려주고 반드시 꼬리표를 하나 분명하게 달아 준다. "이번은 알려 주는데. 앞으로는 똑똑한 '다음'이나 '네이버'에게 물어봐!" 하고 경고등을 켠다. 그래야 다음부터는 남에게 핑프 족이라는 말을 듣지 않고 입이 아닌 자기의 손과 눈의 작은 노동으로 다른 사람에게 부담을 지우는 의존형 태도와 긍정적 이별을 하게 된다.

　직장생활이나 사회생활에서 타인에 대한 최소한의 배려를 한다면 미움받지 않는 협력적이고 긍정적인 관계를 유지할 수 있을 텐데. 사람의 성격과 생활 태도는 쉽게 변하지 않는 모양이다. 변화하기보다는 해오던 대로 하는 익숙함이 훨씬 누구에게나 친근하고 편하기 때문이다. 그 익숙함이 미래에는 사람들과 관계의 단절과 자신의 성장 퇴보라는 독으로 돌아온다는 사실을 모른 채 말이다.

목욕탕의 추억

 같은 의미지만 세월 속 변화로 이질감이 드는 것들이 있다. 바로 대중목욕탕과 사우나다.
 어릴 적 목욕탕 간판은 뜨거운 물에서 김이 세 갈래로 올라오는 모양이었고 지금의 사우나 간판은 화려한 네온사인 불빛이 눈에 달려드는 현란함 자체다.
 옛날 목욕탕은 단순히 몸의 때를 씻는 곳으로 음식 섭취나 휴식이 주목적인 지금의 찜질방이나 사우나와는 사뭇 달랐다.
 대중목욕탕이 흔치 않았던 시절 나는 일 년에 딱 두 번 대중목욕탕을 방문했다. 설날 전날과 추석 전날 아버지의 손을 잡고 목욕탕에 가면 따뜻한 물을 얼마든지 쓸 수 있어 좋았고 뜨거운 물이 저수지에 갇힌 듯 보이는 온탕에 들어가 얌전히 앉아 찌든 때를 불리는 쾌감도 한껏 맛보는 호사스러운 날이었다.

동네 아이들 역시 명절 전날은 목욕탕에서 나와 같이 아버지 손에 이끌려 몇 달째 몸에 누룽지처럼 붙어있던 때와 이별하는 '명절맞이 몸 대청소의 날'이었다.

평소에는 집에서 큰 고무통이나 대야에 물을 끓여 겨울에는 부엌에서 봄가을에는 마당에서 몸에 장기간 거주했던 찌든 때를 몸 밖으로 내보내곤 했다.

집에서 하는 목욕은 목욕탕에서 할 수 있는 냉탕 속 물장구를 치지 못해 재미가 없었고 어머니의 까칠한 손으로 내 몸의 때를 벗길 때는 내 여린 피부가 죽을 맛이라 비명을 지르고 난리를 칠 정도였다. 특히 겨울철 목욕은 부엌문으로 들어오는 찬바람이 뼛속까지 파고들어 목욕이 아닌 해병대의 한겨울 강물 입수 극기 훈련과 다름없었다.

당시 명절을 기다리는 이유 가운데 목욕탕 가는 것은 최상위 순위였다. 하지만 후유증은 때를 벗긴 깨끗한 몸에 다시 때가 낄까 며칠 동안은 마음껏 뛰놀지 못하고 몸을 조선백자 다루듯 조심하는 것이었다.

목욕을 마치고 집에 오는 길에 아버지가 명절이라 특별히 사주는 찐빵이나 눈깔사탕은 목욕과 한 세트로 묶여 있어 행복감을 극대화시켰다.

내일부터 추석 연휴가 시작된다. 어릴 적 습관인지 명절 전에는 반드시 사우나에 가서 목욕한다. 명절 전이라 보통 때보다 사람들로 북적였다. 동네 특성상 나이 드신 분들이 많아 부모와 함께 오는 초등학생이나 중학생은 거의 눈에 띄지 않는다.

오늘은 사우나에서 조금은 생소한 장면을 목격해 아버지와 함께했던 몇십년 전의 명절 전 목욕탕 행사가 추억속에서 되살아났다.

온탕에서 몸을 담그고 있는데 거의 90세가 되어 보이는 노인과 30대로 보이는 운동선수 몸 같은 근육질의 청년이 온탕 안으로 노인분을 모시고 조심조심 들어왔다. 온탕의 턱이 높아 젊은 사람은 괜찮지만, 노인분이 들어오다 발이라도 걸려 미끄러지면 큰 부상을 입을 수 있었다. 나이 차이로 봤을 때 할아버지와 손자 사이로 보였다.

그때부터 내 시선은 고정되어 그 두 사람을 쉴 새 없이 따라다녔다. 온탕에서 나와 플라스틱 의자에 손자가 할아버지를 앉히며 몇 마디 말을 하는듯했다. 아마도 땀을 빼 힘드시니 휴식을 취하시라는 말을 하는 것 같았다.

휴식을 취한 후 때를 미는 곳으로 손자가 할아버지를 모시고 가서 누인 뒤 세신사에게 할아버지 몸의 때를 미는 요령을 알려주는 듯했다. 때를 다 밀 때까지 그 손자는 옆에 서서 할

아버지 몸의 방향을 바꿔야 할 때는 본인이 직접 할아버지의 몸을 잡고 움직였다.

손자와 할아버지는 목욕이 끝날 때까지 떨어질세라 사랑하는 연인처럼 손을 꼭잡고 움직였고 목욕탕 밖으로 나와서는 손자가 할아버지의 머리를 다듬어 헤어드라이어로 말려준 후 옷을 입혀주고 조금 앉아있다 할아버지를 부축해서 목욕탕을 나갔다.

할아버지가 목욕을 마치는 한 시간 내내 한 번도 손자가 짜증을 내거나 귀찮아하는 표정을 찾아볼 수 없었다.

명절이 내일모레여서 목욕을 수시로 할 수 없는 연로한 할아버지를 위해 아버지의 강압인지 손자의 자발적 봉사인지는 모르지만 아름답고 가슴 뭉클한 '할아버지 목욕시켜드리기' 였다.

그 할아버지의 아들이라면 옛날에 아버지에게 목욕탕에서 받은 보살핌을 다시 갚는다는 뜻으로 그럴 수 있지만 손자는 아버지와 달리 효심의 거리가 한 세대 건너 있어 쉽지 않은 일이다.

몇십년 전 나는 너무 어려서 몸을 씻는데 도움이 필요한 오늘 할아버지의 역할이었고 그 손자는 나를 씻겨 주었던 아버지의 역할이었다. 그들의 행동에서 명절 전 아버지와 함께 했던 목욕 장면이 생생하게 재생된 '다시 보기' 였다.

지금은 아들과 목욕탕에 가면 아들이 등도 밀어주고 바닥이 미끄럽다고 부축까지 해준다. 약간의 오버액션이지만 효도의 재확인이라는 차원에서 흐뭇하다.

지금은 어느 집이나 수도만 틀면 뜨거운 물을 얼마든지 쓸 수 있고 목욕이나 샤워를 할 수 있는 욕조나 샤워부스가 화장실에 있어 가능하지만, 명절 전날 설레는 마음으로 아버지 손을 잡고 따라갔던 오래전 목욕탕이 그립다.

아버지가 살아오신다면 딱 한 번만 역할을 바꿔 아버지 등의 때를 밀어드리고 싶은데 할 수 없어 더욱 간절하다. 아들의 통통한 등의 때를 미는 것보다 아버지의 바싹 마른 살갗에 뼈가 울퉁불퉁 드러나 보이는 시골길과 같은 등을 밀어드리고 싶은데. 손자의 부축을 받지 않을 때까지 아들하고 목욕탕을 자주 가야 먼 훗날 아들이 지금의 나와 같은 안타까움과 그리움이 이 없을 텐데. 세월이 허락해줄지 모를 일이다.

SRT

유감

시계를 되돌려 정지하고 싶은 과거 어느 특정 시점의 추억은 누구나 간직하고 있기 마련이다. 잊히는 속도에 따라 선명한 것도 있고 이미 퇴색되어 유통기한이 끝나가는 희미한 추억도 있다.

러시아 작가 푸시킨은 그의 시 '삶이 그대를 속일지라도'의 마지막 구절에 '모든 것은 하염없이 사라지니 지나가 버린 것은 그리움이 된다'라고 했다.

나에게 그중 하나가 몇십 년 전 탔던 아직 상상 속에서 변함없이 운행하며 건재한 완행열차의 그리움이다.

집 근처에 SRT를 타는 역이 있어 여행이나 지방에 볼일이 있으면 SRT를 이용한다. 고속버스 터미널도 멀지 않은 곳에 있지만 조금이나마 기차에 얽힌 옛 추억을 더듬어 보고 싶은 마음에 SRT가 정차하는 곳이라면 무조건 탄다.

내가 꼽는 SRT의 역설적 단점이라면 너무 청결하고 세련되어 옛날처럼 정겨운 사람 냄새가 나기보다는 감히 접근할 수 없는 차가운 도시 사람의 깔끔한 외모와 같은 분위기다. 옛날 기차에서 판매했던 삶은 달걀이나 김밥을 사 먹을 수 없는 섭섭함도 단점으로 여긴다.

옛날 고등학교 생활지도 선생님과 같은 근엄한 자태로 붉은 완장을 차고 기차표에 구멍을 뚫어주던 기차의 사령관 여객전무도 시간에 떠밀려 SRT에서는 보이질 않는다. 대신 산뜻한 유니폼을 입은 승무원만 가끔 객차 복도를 오가며 승객들을 살펴본다.

기차표도 미리 인터넷 앱으로 구매해 통제 없이 승차해 열차 승무원과 직접 부딪힐 일이 없어 오히려 싱겁고 밍밍하다.

오래전 형편이 좋았던 사람들이 탔던 무궁화호나 새마을호가 아직은 운행 중이라 그나마 섭섭함을 달래 준다. 그 기차들은 완행과 특급열차보다 깨끗하고 연착도 없는 고급 기차였다. 현재 무궁화호는 관광열차로 용도 변경 중이고 본래 목적의 무궁화호 운행은 감소하고 있다. 새마을호도 전과 같은 목적과 다른 다용도 기차로 변신 중이다. 과거 모습의 기차 여행은 거의 불가능해 추억 속에만 운행해 몸은 타지 못하지만, 마음만은 늘 그 기차와 함께 여행한다.

나는 소중했던 사람들과 기차 여행의 기억을 고스란히 뇌리에 한자리를 마련해 주고 있어 그리울 때마다 회상하며 '그때가 좋았는데'를 되뇌며 잠시 단상에 잠기곤 한다.

국민학교 시절 여름방학이 시작되면 대학생인 둘째 형과 충남 홍성 외갓집으로 놀러 갔다. 싫증 나면 모를까 개학까지는 그곳에서 지내야 했다. 밤에 모기들의 공격과 뒷마당에 있는 화장실 방문을 빼면 나름 괜찮은 '여름방학 한 달 살기'였다.

칠 남매 중 막내인 나를 책임져야 할 유일한 동반자 겸 보호자인 형은 서울의 명문대학 다니는 대학생이 왔다고 동네 사람들이 알아주는 것 외에는 재미없는 연중행사였다. 나에게 무엇보다 좋은 것은 일 년에 딱 한 번 이용하는 말도 많고 탈도 많던 연착의 대명사 장항선 열차와의 만남이었다. 당시에는 외갓집 근처에 버스가 가지 않아 기차를 타야 했고 버스가 있어도 멀미를 심하게 하는 나에게 다른 선택지는 없었다.

중학교 때는 다니던 교회와 자매 결연된 지방교회로 여름 수련회 참석 때문에 기차를 탔던 기억이 있다.

교회 전도사님 인솔로 남녀 중학생끼리 가는 기차 여행은 황홀경 속 흥분의 도가니 자체였고 최고의 즐거움이었다.

여학생들과 함께 있는 좁은 공간인 기차는 감수성이 예민하고 이성에 모든 관심이 쏠려있는 10대 청소년들에게는 대한민국 어느 곳보다 젖과 꿀이 흐르는 지상 낙원이었다.

평소 일 주일에 주말만 감질나게 만나던 상큼한 여학생들과 기차 안에서 몸을 붙이고 긴장 속에 몇 시간 가는 것은 교회를 다니는 학생들에게만 특별히 주어지는 하나님의 크나큰 은총이었다. 당시 특급열차는 내 마음을 전혀 헤아려주지 않고 지금 SRT 속도만큼 왜 그렇게 빠른지, 목적지까지 가는 3시간이 3분처럼 느껴졌다. 완행열차처럼 연착을 밥 먹듯 해도 대환영인데 특급열차라 정확히 시간에 맞춰 목적지에 도착했고, 이후 일정은 다니던 교회와 별반 다르지 않았다. 성경 공부하고 예배드리고 가끔 게임은 하지만 정해진 시간에 맞춰 취침하는 등 여학생들과 사적으로 가까이할 수 있는 기회는 드물었다. 마지막 날 집으로 가는 기차 안 밀착의 행복을 기다리는 것이 유일한 희망이었다.

대학 시절에는 기차 타는 것이 어떤 것보다 즐거운 일이었다. 특히 타 학교 여학생들과 가는 MT는 기차의 진면목을 확실히 보여주는 공간이었다.

기차를 기다리며 청량리역 앞마당에 철퍼덕 앉아 기타 치고 노래 부르며 서로 어깨동무하고 여학생 어깨를 손으로 슬쩍 더듬어 보는, 지금이라면 성추행과 다름없는 도발(?)을 하며 느끼는 전율은 아직도 뇌리에 잔잔히 남아있다.

기차 출발시간이 되면 좌석이 없는 완행 입석 열차에 우르

르 올라타 여학생들과 바닥에 함께 앉아 그녀들의 몸에서 풍기는 향긋한 화장품 냄새를 맡는 것은 기차 여행만의 묘미였다.

추억의 청량리역 앞마당 자리에 현재는 대형 백화점과 쇼핑몰이 들어와 있어 그때의 청량리역인가 눈을 의심할 정도로 많이 변했다.

기차여행의 백미는 역시 기차 안에서 주전부리를 사 먹는 소소한 행복이었다. 카트를 객차 중간 복도로 끌고 다니며 구성지게 "찐 계란 있어요. 김밥 있어요." 호객행위 하던 판매원 아저씨의 소리가 아직도 귓전을 울리며 추억의 마당으로 나를 이끌곤 한다.

어둠 속에서 무성영화를 보는 것 같은 불멸의 장면은 충남 홍성 외갓집 갈 때 어머니가 속치마 주머니에서 꺼내 내 손에 쥐여 준 주름살이 많이 지고 때가 덕지덕지 낀 지폐로 사이다와 붉은 망사 천에 들어 있던 삶은 달걀을 사서 정신없이 먹던 모습이다. SRT에서는 음식물을 팔지 않아 어떤 먹거리로도 그 자리를 대신하지 못하는 안타까움이 크다.

주위 환경이 본래 기차의 시각적 과거 흔적을 모두 지워버렸지만, 기차에 대한 그리움은 나이가 들수록 더욱 농도가 짙어진다. 아마 나는 기차와 함께 추억 속으로 속절없이 달려가는 중년의 모습이 아닌가 싶다.

현대와 어울리는 SRT보다 천천히, 때로는 연착을 수없이 했던 당시 기차에 마음이 더 쏠리는지 모르겠다.

  인생에도 기차와 같이 멈춤도 정지도 있는 속도 조절이 필수 부분이 아닌가 싶다. 지나침과 욕심을 식히고 제어할 수 있도록 한 번쯤은 뒤돌아보며 쉬는 연착의 여유로움과 쉼 말이다.

끝마치며

무릇 글씨를 쓰는 게
어찌 단지 팔 하나의
힘으로만 하겠는가
온몸의 힘으로
필획을 보내야 한다.

추사 김정희 고택 기념관
(충남 예산)에 걸린 글 중

도움을 준 책과 저자

- 최진석 지음 - 인간이 그리는 무늬, 소나무, 2019.
- 윤성희 지음 - 다산의 철학, 포르체, 2021
- 도리스 메르틴Doris Martin 지음, 배명자 옮김 - 아비투스, 다산북스, 2021
- 피천득 인연-샘터, 2006
- 장석주 지음 - 나를 살리는 글쓰기, 중앙일보 플러스㈜, 2018
- 이성주 지음-조선왕조실록, 추수밭, 2011
- 파스칼 브뤼크네르 지음, 이세진 옮김 - 아직 오지 않은 날들을 위하여, 인플루엔셜, 2022
- 정채봉 지음 - 처음의 마음으로 돌아가라, 샘터, 2008
- 게리 켈러, 제이 파파산 지음, 구세희 옮김 - THE ONE THING(원씽), 비즈니스북스, 2013
- 이영직 지음-행동 뒤에 숨은 심리학, 스마트비지니스, 2021
- 신지영 지음-언어의 높이뛰기, 인플루엔셜, 2021
- 마노스 묘 지음, 장은주 옮김 - 일상을 심플하게, 나무생각, 2017
- 이문영 지음 - 김삿갓의 지혜, 정민미디어, 2020
- 잭 하트 지음, 정세라 옮김 - 퓰리처 글쓰기 수업, ㈜현대지성, 2021
- 김병수 지음 - 겸손한 공감, ㈜도서출판 길벗, 2022,
- 웨인 다이버 지음, 정지현 옮김 - 우리는 모두 죽는다는 것을 기억하라, 토네이도, 2019
- 장사오헝 지음, 정은지 옮김 - 선을 넘지 않는 사람이 성공한다, 미디어숲, 2022
- 마르쿠스 아우렐리우스 지음, 키와 블란츠 옮김 - 명상록, 다상출판, 2014
- 자청 지음 - 역행자, 웅진 지식하우스, 2022
- 개리 마커스 지음, 최호영 옮김 - 클루지(Kluge), 갤리온, 2008
- 데일 카네기(Dale Carnegie) 지음, 유태진 번역 - 인간관계론, 다른상상, 2021
- 데일 카네기(Dale Carnegie) 지음, 임상훈 옮김 - 자기관리론, ㈜현대지성, 2021
- 존 허스트 지음, 김종원 옮김 - 세상에서 가장 짧은 세계사, 위즈덤 하우스, 2017
- 김진명 지음 - 때로는 행복 대신 불행을 택하기도 한다, 이타북스, 2022

- 루스 베네딕트 지음, 김윤식, 오인석 옮김 - 국화와 칼, ㈜을유문화사. 2008
- 나이토 요시히토, 박수연 옮김 - 생각하나 바꿨을 뿐인데, 아이템하우스, 2022
- 유영만, 박용후 지음 - 언어를 디자인하라, ㈜쌤앤파커스, 2022
- 김민홍 지음 - 80일간의 인생수업, ㈜홍익출판사, 2015
- 장재형 지음 - 마흔에 읽는 니체, 유노북스, 2022
- 양승권 지음 - 니체와 장자는 이렇게 말했다. 페이퍼로드, 2020
- 충페이충, 권소현 옮김 - 심리학이 분노에 답하다, 미디어숲, 2022
- 톨스토이, 박형규 옮김 - 톨스토이 단편선, 인기북, 2003
- 폴커 키츠 마누엘 투쉬, 김희상 옮김 - 마음의 법칙, ㈜ 콘텐츠 그룹 포레스트, 2022
- 천위안, 이정은 옮김 - 심리학이 조조에게 말하다, 리드리드출판, 2022
- 비용 나타코 린데블라드, 박미경 옮김 - 내가 틀릴 수도 있습니다, 다산북스, 2022
- 앤드루 도이그, 석혜미 옮김 - 죽음의 역사, ㈜로크미디어, 2023
- 웨인 다이어, 정지현 옮김 - 우리 모두 죽는다는 것을 기억하라, 토네이도, 2019